Frontberichte

Bettina Gaus, Jahrgang 1956, ist politische Korrespondentin der tageszeitung (taz), deren Parlamentsbüro sie von 1996 bis 1999 leitete. Vorher hat sie mit Sitz in Nairobi sechs Jahre über Ost- und Zentralafrika berichtet. Im Jahr 2000 erschien ihr Buch *Die scheinheilige Republik* (dva).

Bettina Gaus

Frontberichte

Die Macht der Medien
in Zeiten des Krieges

Campus Verlag
Frankfurt/New York

Bibliografische Information der Deutschen Bibliothek

Die Deutsche Bibliothek verzeichnet diese Publikation in der
Deutschen Nationalbibliografie. Detaillierte bibliografische Daten
sind im Internet über http://dnb.ddb.de abrufbar.

ISBN 3-593-37543-5

Das Werk einschließlich aller seiner Teile ist urheberrechtlich geschützt.
Jede Verwertung ist ohne Zustimmung des Verlags unzulässig. Das gilt
insbesondere für Vervielfältigungen, Übersetzungen, Mikroverfilmungen
und die Einspeicherung und Verarbeitung in elektronischen Systemen.
Copyright © 2004 Campus Verlag GmbH, Frankfurt/Main
Umschlaggestaltung: Büro Hamburg
Umschlagmotiv: © picture-alliance/dpa/Karl-Jósef Hildenbrand
Satz: Leingärtner, Nabburg
Druck und Bindung: Freiburger Graphische Betriebe
Gedruckt auf säurefreiem und chlorfrei gebleichtem Papier.
Printed in Germany

Besuchen Sie uns im Internet: www.campus.de

Für Nora

Inhalt

Einleitung 9
1. Humanitäre Missverständnisse 17
2. Arbeitsbedingungen 41
3. Motive und Risiken 65
4. Eingebettet 75
5. Militainment 101
6. Stummes Leid 117
7. Trauer und Erschütterung 135
8. Bildausschnitte 147
9. Die neue Ideologie 175

Einleitung

Was ist ein Krieg – und wer sind seine Opfer? Ist es der US-Soldat, der in Bagdad von einer Granate zerrissen wird, viele Monate, nachdem die Kampfhandlungen offiziell für beendet erklärt worden sind? Das fünfjährige Kind, das sich beim Spielen verletzt und an einer Blutvergiftung dahinsiecht, weil Gefechte den Weg zum Arzt oder zur Apotheke versperren? Das behinderte Baby, das in einer Region zur Welt kommt, in der Jahre zuvor Bomben mit abgereichertem Uran abgeworfen wurden?

Über die Frage, welche langfristigen Gefahren der Einsatz solcher Waffen nach sich ziehen kann, streiten Fachleute bis heute. Experten des US-Verteidigungsministeriums, das sowohl im zweiten Golfkrieg als auch bei Angriffen auf Gebiete des ehemaligen Jugoslawien derartige Munition verwendete, behaupten, die Berührung von Uranstaub berge keine nennenswerten Gesundheits- oder Umweltrisiken. Wissenschaftler, die sich im Auftrag der UNO mit dem Thema befasst haben, halten sie hingegen für möglich oder sogar für wahrscheinlich. Analysen eines Krieges und seiner Folgen sind immer auch ein Spiegelbild widerstreitender Interessen und Machtverhältnisse.

Allerdings nicht nur. Es ist grundsätzlich sehr viel schwieriger geworden zu definieren, was überhaupt ein Krieg ist, seit nicht mehr allein und oft nicht einmal mehr überwiegend die militärische Stärke zwischenstaatlicher Konfliktparteien über Sieg und

Niederlage entscheidet. Asymmetrische Gewalt, beispielsweise in Form terroristischer Anschläge, die steigende Zahl innerstaatlicher Konflikte, an denen ausländische Mächte beteiligt sind, die verschwimmenden Grenzen zwischen organisierter Kriminalität und Kriegführung infolge der zunehmenden Privatisierung von Gewalt, die damit verbundene Aufhebung des staatlichen Gewaltmonopols und die Tatsache, dass zwischen Kombattanten und Nicht-Kombattanten kaum noch unterschieden wird: Das sind nur einige der Faktoren, die inzwischen eine Abgrenzung von Kriegen zu anderen, mit Waffengewalt ausgetragenen Krisen und Konflikten erschweren.

Die Bedeutung der Medien in diesem Zusammenhang wächst. Zwar ist zu allen Zeiten versucht worden, die Moral der eigenen Truppe und der Zivilbevölkerung mit Hilfe von Kriegspropaganda und Heldenlegenden zu stärken, aber die moderne Massenkommunikation in Verbindung mit den – behaupteten oder realen – Gesetzen der Pressefreiheit stellen Politiker und Militärs vor neue Herausforderungen. Und bieten ihnen zugleich neue Chancen.

Im Zeitalter des Fernsehens genügt es längst nicht mehr, sich auf die militärische Überlegenheit der eigenen Streitmacht zu verlassen. Im Hinblick auf angestrebte Ziele ist es inzwischen unabdingbar, eine möglichst breite Öffentlichkeit davon zu überzeugen, dass man einen »gerechten Krieg« führt. Die USA haben den Vietnamkrieg nicht auf dem Schlachtfeld verloren, sondern im Kampf um die öffentliche Meinung. Stalins spöttische Frage, über wie viele Divisionen der Papst verfüge, würde heute wohl kein Mächtiger mehr so stellen.

Diese Entwicklung birgt für Journalistinnen und Journalisten sowohl neue Möglichkeiten als auch Gefahren. Sie werden umworben, für wichtig gehalten, mit Informationen versorgt, sie erhalten Hilfe beim Transport an Kriegsschauplätze und bei der Übermittlung ihrer Berichte. All das geschieht aus einem einzigen Grund. Sie

Einleitung

sollen zu nützlichen Helfern jeweils der Konfliktpartei werden, die ihnen ihrerseits behilflich ist. Für seriöse und verantwortungsbewusste Fotografen, Reporter, Kameraleute, Moderatoren und Nachrichtenredakteure besteht eine der wichtigsten, aber zugleich auch schwierigsten Aufgaben darin zu erkennen, wann sie instrumentalisiert werden sollen und wie sie sich dem entziehen können. So unterschiedlich Kriege und Krisen hinsichtlich ihrer Ursachen, ihres Verlaufs sowie der mit ihnen jeweils verbundenen Ziele und Interessen auch sind: Strukturelle Merkmale der Berichterstattung darüber gleichen einander weltweit.

Welche Merkmale sind das? Wie entsteht ein geistiges Klima? Wem nutzt es? Wo verläuft die Grenze zwischen Information und Unterhaltung? Wie werden Feindbilder gezeichnet und welche Funktion haben sie? Welche Arbeitsbedingungen finden Reporterinnen und Reporter in Krisengebieten vor? Wo endet die Unabhängigkeit der Medien, wo beginnt die Parteilichkeit? Das sind Fragen, um die es im Folgenden geht. Schuldzuweisungen stehen dabei nicht im Vordergrund. So berechtigt sie im Einzelfall sind – die Mechanismen, denen die moderne Krisenberichterstattung grundsätzlich unterworfen ist, sind für politische Prozesse weit folgenreicher als das individuelle Versagen von einigen Angehörigen der Branche.

Eine wesentliche Rolle spielt in diesem Zusammenhang die Tatsache, dass die Mehrheit der Bevölkerung in den wirtschaftlich und militärisch mächtigsten Staaten der Erde niemals selbst einen Krieg erlebt hat. Das ermöglicht heute vielen eine innere Distanz zu militärpolitischen Fragen, die Zeitgenossen des Zweiten Weltkrieges ungeachtet ihrer jeweiligen politischen Grundhaltung unvorstellbar erschienen wäre. In Opposition zur eigenen Umgebung oder gar zur ganzen Gesellschaft begeben sich die meisten Leute nur im Zusammenhang mit Themen, die ihnen wirklich am Herzen liegen. Das Urteil über andere Angelegenheiten überlassen sie Politikern, Fachleuten, auch Journalisten.

Mit Vertrauen muss das nichts zu tun haben. Da es niemandem möglich ist, sich über alle Themen dieser Welt umfassend zu informieren oder sich gar dafür zu engagieren, bleibt nichts anderes übrig, als die meisten Entscheidungen und sogar die Begründung der eigenen Position an andere zu delegieren. Die – ungeachtet aller Friedensdemonstrationen vergleichsweise große – Gelassenheit, die in Deutschland gegenüber einem Thema wie Krieg und Frieden zu beobachten ist, zeugt von einer langen Periode der Sicherheit hierzulande.

Aber geht es denn im öffentlichen Bewusstsein überhaupt um diese Frage? Sind die Militäroperationen der letzten Jahre, an denen die Bundeswehr beteiligt war, im Verständnis der Mehrheit tatsächlich Kriege? Der vielleicht größte PR-Erfolg derjenigen, die in den letzten Jahren eine deutsche Beteiligung an verschiedenen internationalen Militärinterventionen unterstützten, besteht darin, gekonnt den Eindruck erweckt zu haben, es handele sich dabei gar nicht um die Androhung oder Anwendung von Gewalt. Sondern um die Fortsetzung humanitärer Hilfe mit anderen Mitteln. Die besondere historische und geografische Situation der Bundesrepublik war für diese Interpretation der Ereignisse hilfreich.

Ein Krieg, an dem die Deutschen beteiligt sind, findet auf deutschem Territorium statt: Diese Vorstellung wird sowohl vom kollektiven Gedächtnis der Nation als auch von der tief sitzenden Furcht genährt, mit der die meisten Bewohner der Bundesrepublik und auch der ehemaligen DDR aufgewachsen sind. Die heute tonangebende Generation kennt den Krieg nur aus Erzählungen ihrer Eltern, jüngere Staatssekretäre und andere talentierte Nachwuchskräfte gar nur aus denen der Großeltern. Die meisten Deutschen verbinden keine eigenen Erfahrungen mit dem apokalyptischen Reiter. Aber sie sind in der Überzeugung aufgewachsen, dass jeder

Einleitung

Krieg, an dem Deutschland künftig beteiligt wäre, das Ende der uns bekannten Welt bedeuten müsste. Die Mitte Europas schien ein besonders gefährlicher Platz zu sein in den Jahrzehnten des Wettrüstens zwischen Moskau und Washington.

Und jetzt soll ein Krieg so aussehen: weit weg, regional begrenzt und für die deutsche Zivilbevölkerung gänzlich risikolos?

> Nichts Bessers weiß ich mir an Sonn- und Feiertagen
> Als ein Gespräch von Krieg und Kriegsgeschrei
> Wenn hinten, weit, in der Türkei
> Die Völker aufeinander schlagen.
> Man steht am Fenster, trinkt sein Gläschen aus
> Und sieht den Fluß hinab die bunten Schiffe gleiten;
> Dann kehrt man abends froh nach Haus
> Und segnet Fried und Friedenszeiten.

So ein Bürger in Goethes Faust. Wir schaffen es mittlerweile, mit draufzuschlagen und dennoch den Frieden zu segnen.

Ein großer Teil der Diskussionen, die in der Bundesrepublik über die legitimierenden Kriterien eines Kampfeinsatzes geführt werden, ist unredlich – ungeachtet der Frage, ob man den Einsatz im jeweiligen Einzelfall für richtig oder für falsch hält. Seit einigen Jahren wird nämlich regelmäßig der Eindruck erweckt, ein Krieg könne »sauber« geführt werden, ohne Grausamkeiten, ohne Menschenrechtsverletzungen, ohne Verrohung der Beteiligten. Die Aufnahmen von misshandelten irakischen Gefangenen und grinsenden US-Soldatinnen und Soldaten haben an dieser Darstellung kürzlich Zweifel wachsen lassen. Aber, diese Prognose sei gewagt: In der an Kurzatmigkeit leidenden westlichen Welt werden schon bald andere Ereignisse das spontane Entsetzen überlagern.

Warum lassen Medien das zu, befördern es sogar? Es fehlt doch nicht an Selbstkritik und Skepsis gegenüber der eigenen Berichterstattung. Manchmal wird sogar des Guten zu viel getan. Nach

Beginn des Krieges im Irak wurden Korrespondentenberichte aus der Region regelmäßig von Hinweisen der heimischen Moderatoren begleitet, der Wahrheitsgehalt der Beiträge lasse sich nicht überprüfen. Geliefert wurde also ein Journalismus ohne Gewähr. Den ZDF-Reporter Ulrich Tilgner veranlasste die seltsame Praxis zu dem entnervten Stoßseufzer, wenn in Bagdad zwei Autos zusammenstießen, dann sprächen deutsche Medien von einem »angeblichen« Verkehrsunfall.

Wie lässt sich der Widerspruch zwischen akribischer Genauigkeit im Detail und großflächiger Verzerrung der Fakten, wenn es ums große Ganze geht, erklären? Gewiss spielen manchmal Opportunismus, Feigheit und Denkfaulheit eine Rolle. Wesentlicher aber dürften andere Gründe sein: Gerade wenn es um die Anwendung von Gewalt geht, ist das Bedürfnis groß, auf der moralisch richtigen Seite zu stehen. Das gilt für Journalisten ebenso wie für andere Leute. Außerdem befördert mangelnde Vorstellungskraft seltsame Bilder von der Welt.

Ein besonders bizarres Beispiel dafür lieferte der letzte Bundestagswahlkampf. Die Auseinandersetzung über eine mögliche deutsche Beteiligung am Irak-Krieg wurde schnell zum Streit darüber, ob in der ablehnenden Position des Bundeskanzlers lediglich der Versuch zu sehen sei, mit populistischen Äußerungen auf Stimmenfang zu gehen. Eine banalere und unangemessenere Frage im Zusammenhang mit einer solchen Entscheidung, bei der es für Tausende um Leben oder Tod geht, ist kaum denkbar – ob die Unterstellung nun zutrifft oder nicht. Schlimm genug, wenn zumindest nicht ausgeschlossen werden kann, dass ein deutscher Regierungschef und seine Entourage eine derart lockere Haltung zu einem solchen Thema einnehmen.

Die Medien haben diese Klaviatur nicht entwickelt, aber sie spielen darauf. Allen glänzenden Dokumentationen, skrupulös recherchierten tagesaktuellen Berichten und einfühlsamen Reportagen

Einleitung

zum Trotz: Der Wunsch nach Zuspitzung, nach Personalisierung sachlicher Fragestellungen und Probleme, nach einer Dynamik der Ereignisse, kurz: nach einer Berichterstattung, die nicht langweilt, hat eine Tendenz befördert, über Kriege auf eine Art und Weise zu informieren, als handele es sich um sportliche Ereignisse. Das gilt nicht nur für Unterhaltungsmedien, sondern auch für die so genannte Qualitätspresse.

Es ist wohlfeil, für diese Entwicklung die Sensationsgier und Effekthascherei von Journalisten verantwortlich zu machen. Die nur scheinbar sprachlose Öffentlichkeit ist an der Entwicklung ja nicht unbeteiligt. Regelmäßig und verlässlich steigen die Auflagen der Zeitungen und die Quoten von Informationssendungen, wann immer über eine mögliche Beteiligung der Bundesrepublik an einem Militäreinsatz diskutiert wird.

Gäbe es nicht ein – gelegentlich aus gemeinsamen, gelegentlich aus unterschiedlichen Beweggründen gespeistes – Interesse von Öffentlichkeit, Medien und Politik, Krieg gegebenenfalls doch für etwas weniger Schreckliches halten zu dürfen, als dies Jahrtausende lang üblich war, dann hätte die gegenwärtig häufig zu verzeichnende Leichtigkeit im Umgang mit dem Thema keine Chance. In diesem Buch soll untersucht werden, welchen Anteil die Medien an diesem Klimawechsel haben und ob er als Naturereignis betrachtet werden muss. Oder nicht.

I
Humanitäre Missverständnisse

»Planen Sie in nächster Zeit eine Reise nach Belet Huen?« erkundigte sich im Frühjahr 1993 ein Redakteur des Südwestfunks telefonisch bei mir in Nairobi. Die Frage kam nicht überraschend. In wenigen Wochen sollten die ersten deutschen Soldaten in der somalischen Kleinstadt eintreffen. »Wir hätten gern einen Beitrag darüber, ob die Lage dort sicher genug ist für die Bundeswehr. So etwa drei Minuten lang.«

Der Mann wollte keinen Witz machen, und er wollte auch nicht zynisch sein. Er machte sich einfach nicht klar, was für einen Wunsch er da gerade äußerte: dass nämlich eine unbewaffnete, einzelne Frau für ein einmaliges Honorar von ungefähr 200 Mark auf eigenes Risiko hin überprüfen möge, ob die Sicherheitslage in einem fremden Terrain hinreichend stabil war für die Entsendung von mehr als tausend gut ausgerüsteten Militärs. Als ich ihn darauf hinwies, dass man die Anfrage absurd finden könne, lachte er ein bisschen verlegen. Und meinte dann, wir seien doch beide professionell genug, um dieses Anliegen richtig einzuordnen.

Ja, durchaus. Falls denn Professionalität im Journalismus bedeutet, dass alle Beteiligten sich augenzwinkernd darauf verständigen, nichts werde so heiß gegessen, wie es gekocht wird. Der Kollege war offenbar nicht ernsthaft der Ansicht, die Lage in Belet Huen sei lebensbedrohlich – weder für die Bundeswehrsoldaten noch für mich. Die beiläufige Form, in der er seinen Auftrag erteilte, belegte, dass er den Beteuerungen des deutschen Verteidigungsministers glaubte, die Situation in der somalischen Stadt ließe sich gut kontrollieren. Tatsächlich hatte nichts in den vergangenen Wochen und Monaten darauf hingedeutet, dass Ausländern dort irgendeine Gefahr drohte, seien sie nun Zivilisten oder Militärs. Warum dann überhaupt eine Kurzreportage über die Sicherheitslage? Zum einen, weil das Thema in der innenpolitischen Diskussion der Bundesrepublik eine Rolle spielte. Zum anderen, weil Klappern zum Handwerk gehört.

Damit Spannung sich entladen kann, muss sie erzeugt werden – und ein gewisses Maß an Spannung ist Teil des Nachrichtengeschäfts. In dieser Hinsicht unterscheidet sich die Arbeit einer Klatschreporterin, die über angebliche Eheprobleme von Prominenten berichtet, nicht von der einer Parlamentskorrespondentin, die vor den verschlossenen Türen eines Vermittlungsausschusses auf Informanten wartet. Und, zumindest in den Augen mancher Leute, auch nicht von der einer Berichterstatterin aus einem Krisengebiet. Schließlich hat selbst Krieg einen gewissen Unterhaltungswert. Jedenfalls aus der Ferne betrachtet.

Der spielerische Ton ist kennzeichnend für die deutsche Debatte über Militäreinsätze nach dem Ende der bipolaren Welt. Geredet wird häufig »als ob«: Als ob die Beteiligung an Interventionen, Kampfeinsätzen und Kriegen mit allen dazugehörigen Gefahren und Schrecken eine hypothetische Frage sei, geeignet für philosophische Betrachtungen in Feuilletons oder Talkshows und als nützliches Instrument der politischen Profilierung. Dieser seltsame Unernst steht in scharfem Kontrast zu dem hohen moralischen Kammerton, der bei dem Thema regelmäßig angeschlagen wird. Und im deutlichen Widerspruch zur politischen Realität, zu der die Anwendung militärischer Gewalt längst gehört.

Im Frühjahr 1993 war es in Belet Huen ungefähr so friedlich wie in Baden-Baden, dem Sitz des Südwestfunks, und das ist keineswegs übertrieben. Später, als die deutschen und italienischen UN-Soldaten eingetroffen waren, sollte sich das ändern. Die Attraktivität einiger Hilfsgüter, gespendet in guter Absicht und im seligen Zustand der geistigen Unschuld, löste Verteilungskämpfe aus, und die Furcht des bestgerüsteten Clans vor einer allgemeinen Entwaffnung und somit der eigenen Entmachtung führte zu aggressiven Übergriffen auf andere lokale Gruppierungen.

Damals aber hätte sich der Auftrag des Hörfunkkollegen, einen Bericht über die Sicherheitslage in Belet Huen zu liefern, noch ganz mühelos erfüllen lassen. Seit 1990 berichtete ich von der kenianischen Hauptstadt Nairobi aus über Ost- und Zentralafrika, zunächst als freiberufliche Journalistin und später als Korrespondentin der *tageszeitung*, besser bekannt unter ihrer Abkürzung *taz*. Somalia hatte mich stets in besonderer Weise interessiert, und ich kannte mich dort ziemlich gut aus. Reisekosten fielen kaum ins Gewicht.

Die wenigen ausländischen Hilfsorganisationen, die vor Ort arbeiteten – vor allem das Internationale Komitee vom Roten Kreuz –, waren gerne bereit, Journalisten kostenlos in ihren Kleinflugzeugen mitzunehmen, wenn sie Plätze frei hatten. Schließlich hatten sie seit dem Sturz des alten Regimes im Januar 1991 und der infolge des Bürgerkrieges entstandenen Not verzweifelt darum gekämpft, das Interesse der internationalen Öffentlichkeit für die dramatische Lage in dem ostafrikanischen Land zu wecken. Außerdem hilft es jeder humanitären Organisation, wenn sie in den Medien erwähnt wird. Das fördert die Spendenbereitschaft.

Wäre ich nicht erst kurz zuvor in Belet Huen gewesen, dann hätte ich mich gewiss auf den Weg gemacht. In mehrfacher Hinsicht waren die Arbeitsbedingungen bei der *tageszeitung* sehr erfreulich: Das Interesse von Redaktion und Lesern an Afrika war größer als bei den meisten anderen überregionalen Zeitungen oder auch in vielen Hörfunk- und Fernsehredaktionen. Hinzu kam, dass der zuständige Redakteur Dominic Johnson ein profunder Kenner der Verhältnisse war und ist. Darum bin ich von manchen Kollegen beneidet worden, die in ihren Zentralen mit weniger motivierenden Ansprechpartnern zu tun hatten.

Nicht beneidet wurde ich hingegen um die geringe Monatspauschale, die ich von dem chronisch finanzschwachen Blatt bekam, und von der allein ich nicht leben konnte. Deshalb war ich darauf angewiesen, freiberuflich weitere Aufträge zu erhalten, und dafür empfiehlt es sich, die Wünsche möglichst vieler einzelner Redakteure möglichst punktgenau zu erfüllen. Unter solchen Umständen fliegt man schon mal für ein geringes Honorar irgendwohin und hofft auf Folgebestellungen. Die bekommt man allerdings selten aufgrund von Beiträgen, die sich in dem Satz zusammenfassen lassen, dass es keine besonderen Ereignisse zu vermelden gibt. Derartige Informationen werden einem nicht gerade aus der Hand gerissen.

Um das Interesse einer breiten Öffentlichkeit an einer Militäroperation im Ausland zu wecken, ist es hilfreich, wenn diese den Eindruck gewinnt, die Routine der Soldaten vor Ort sei aufregender als der Wachdienst in einer niedersächsischen Kaserne. Der einfachste Weg, um das zu erreichen, ist die Thematisierung von Gefahren. Man muss keine Sensationsreporterin sein, um mögliche Bedrohungen ein wenig herausstreichen zu wollen. Niemand möchte sich gerne nachsagen lassen, langweilige Berichte abzuliefern. Der Aufbau eines Spannungsbogens ist ein legitimer, handwerklicher Kunstgriff. Wer darauf verzichtet, verzichtet zugleich auf seine Leser. Aber wo verläuft die Grenze zwischen einem gut gebauten, aber dennoch sachlichen Beitrag und aufbauschender Effekthascherei? Und wo beginnt das, was unter der allfälligen Manipulation der Medien verstanden wird?

Die Medien manipulieren: Es dürfte kaum eine andere – im weitesten Sinne politische – Einschätzung geben, der ein so großer Teil der Weltbevölkerung zustimmt. Über alle Systemgrenzen hinweg, unabhängig von religiösen, sozialen und weltanschaulichen Differenzen. Niemals zuvor in der Geschichte ist den Medien eine vergleichbar große Macht zugeschrieben worden wie heute, und niemals zuvor haben sie ein vergleichbar großes Maß an Aggression auf sich gezogen. Längst gelten Journalisten nicht mehr einfach nur als Chronisten des Geschehens. Immer häufiger werden sie als Partei wahrgenommen.

Zu Recht. Wir sind Partei. Alle. Das bedeutet nicht, dass wir uns auch alle den Vorwurf gefallen lassen müssten, die Tatsachen absichtlich zu verdrehen oder gar bewusst zu fälschen. Die überwältigende Mehrheit der Journalisten tut das nicht und weist entsprechende Unterstellungen mit Recht empört von sich. Aber entgegen einem weit verbreiteten Missverständnis geht es im Kern gar nicht darum, dem einzelnen Reporter oder der einzelnen Redakteurin individuelle Schuld anzulasten.

Das Problem ist sehr viel umfassender. Wir alle sind vor allem dort Partei, wo wir uns dieser Tatsache gar nicht bewusst sind: Weil wir nämlich selbst nicht bemerken, in welch starkem Maße unsere Weltsicht in unsere Beurteilung einer Situation einfließt. Objektivität ist eine Chimäre, und das Sein bestimmt das Bewusstsein. In dieser Hinsicht unterscheiden sich Journalisten nicht vom Rest der Welt.

Belet Huen gehörte im Frühjahr 1993 noch zu jenen somalischen Städten, in denen eine, wenn auch fragile, Kooperation zwischen den verschiedenen ortsansässigen Clans bestand, vor allem deshalb, weil der Ort ebenso wie manche andere erheblich davon profitierte, eine Insel der Stabilität inmitten des landesweiten Chaos zu sein. Da zahlreiche Handelswege unterbrochen waren, wurden plötzlich ungewöhnlich viele Geschäfte über Belet Huen abgewickelt, und die lokale Wirtschaft blühte. Frieden war zu diesem Zeitpunkt dort lohnender als Kampf: eine Abwägung, die gerade in Bürgerkriegen häufig über die relative Stabilität in einem Gebiet entscheidet. Die Märkte am Straßenrand wiesen ein Angebot auf, das sogar von regem internationalen Import zeugte – bis hin zu Tomatenmark aus Italien und französischen Kosmetika, eingeführt über Djibouti, dem Kleinstaat von Frankreichs Gnaden am Horn von Afrika.

Die deutschen Soldaten und die meisten der sie begleitenden Journalisten aus der Bundesrepublik hatten vermutet, dass sie in Somalia kaum etwas anderes zu sehen bekämen als Kinder mit Hungerödemen. Wenige Wochen nach der skurrilen Anfrage des Südwestfunks schloss ich mich dem Medientross an, der zeitgleich mit dem ersten Konvoi des Hauptkontingents der Bundeswehr in Belet Huen eintraf, und ich war ehrlich gespannt, wie die Reaktion auf das luxuriöse Warensortiment ausfallen würde. Aber ich wurde enttäuscht. Es gab keine Reaktion.

Die Kollegen konnten ganz einfach nicht erkennen, was sie mit eigenen Augen zu sehen bekamen: »Schrecklich, diese Armut«, sagte einer, als wir – alle von der Armee mit schusssicheren Westen ausgestattet – im offenen Lastwagen an Marktfrauen vorbeifuhren. Andere nickten, alle blickten nachdenklich und seriös drein. Dem Ernst der Lage angemessen. Welchem Ernst? Die Bevölkerung von Belet Huen war damals noch begeistert von der Ankunft der internationalen Truppen. Sie versprach sich davon zusätzliche Impulse für den wirtschaftlichen Aufschwung. Warum sahen die Kollegen das nicht? Was trübte ihren Blick?

Die eigene Erwartungshaltung, verknüpft mit dem Anblick des Unbekannten. In somalischen Kleinstädten und Dörfern sitzen Straßenverkäuferinnen meist am Boden oder allenfalls auf einem niedrigen Hocker. Das hatte ursprünglich gewiss etwas mit Armut zu tun, ist aber inzwischen ganz einfach Tradition. Wer jedoch daran gewöhnt ist, dass ein Markt aus festen Ständen besteht, dem genügt bereits diese scheinbar karge Ausstattung als Indiz für die Richtigkeit seiner vorgefassten Meinung.

Humanitäre Missverständnisse

Wäre das ein bewusster Prozess, dann ließe sich in diesem Zusammenhang der Vorwurf der allzu großen Flüchtigkeit des Urteils erheben. Aber es steckt eben keinerlei Absicht oder Überlegung dahinter. Alle Menschen sind weltweit im Interesse ihres eigenen Überlebens darauf angewiesen, die wechselnden, sie umgebenden Situationen blitzschnell und unbewusst einordnen zu können: Wünscht der Mann, der sich mir nähert, eine Auskunft oder meinen Geldbeutel? Sieht das Restaurant so aus, als ob ich eine Mahlzeit darin genießen werde? Schaffe ich es noch, vor dem Auto die Straße zu überqueren?

Niemand registriert im Einzelnen, aus welchen Bildern und Signalen sich die eigene Weltsicht zusammensetzt. Wollten wir uns das in jedem Augenblick vergegenwärtigen, dann wäre unser Gehirn damit bei weitem überfordert. Wie absurd Schlussfolgerungen sein können, zu denen auch vernünftige, intelligente Leute gelangen, registriert man erst, wenn man mit gänzlich anderen Erfahrungshorizonten als den gewohnten konfrontiert wird.

Ein Freund aus der Schweiz erzählte kürzlich, dass einer seiner Kollegen am 11. September 2001 irgendwo in Westafrika zufällig in eine Bar geriet, wo gerade CNN lief. Fassungslos habe er auf die Bilder des brennenden und dann in sich zusammenstürzenden World Trade Centers gestarrt. Die Kellnerin konnte nicht verstehen, warum ihn das so faszinierte. »Wir sehen solche Sachen im Fernsehen jeden Tag.« Solche Sachen: nämlich Gewaltakte und Katastrophen. Sie hatte vom World Trade Center noch nie gehört und interessierte sich nicht für Weltpolitik. Wie hätte ihr das Entsetzen des Gastes anders als bizarr erscheinen sollen?

Niemand ist gefeit vor Begriffsstutzigkeit. Und auch nicht vor Fehlern, die entstehen, weil man meint, das geistige Koordinatensystem von Leuten begreifen zu können, die einen gänzlich anderen Erfahrungshorizont haben als man selbst. Vor gut zwei Jahren war ich noch einmal im Norden Somalias unterwegs, in der international nicht anerkannten Republik Somaliland. Die Region, in der die Situation seit vielen Jahren weitgehend stabil war, hatte sich im Laufe des Bürgerkrieges vom zerrissenen Süden abgespalten. Mit im Auto saß Ahmed Ibrahim, der damals knapp 30-jährige somalische Leiter des SOS-Kinderdorfes in Mogadischu, der aus mir unbekannten Gründen nur Omar genannt wird. Er wollte sich das Gelände anschauen, auf dem die internationale Hilfsorganisation den Bau eines Internats plante.

Omar ist ein besonders mutiger Mann. In den mehr als zwölf Jahren seiner Tätigkeit für SOS hat er die Einrichtung für Waisenkinder häufig gegen Plünderer verteidigt und mehrere, persönlich gegen ihn gerichtete Mordanschläge überlebt. Sie waren der Preis dafür, dass er vielfältigen Verlockungen und Drohungen zum Trotz unbestechlich geblieben ist. Ob es sich dabei nun um die Vergabe kostbarer Arbeitsmöglichkeiten, um Schwarzhandel mit Medikamenten oder um einen der begehrten Plätze in der organisationseigenen Schule handelte.

Als wir die breite, gut ausgebaute Bergstraße erreicht hatten, die zur Baustelle führte, überfiel ausgerechnet diesen Mann eine kaum noch kontrollierbare Angst. Die für ihn ungewohnte Höhe genügte, um ihn in Panik zu versetzen. Vorsichtig sollten wir sein, langsamer fahren, ob uns nicht bewusst sei, dass wir beständig in der Gefahr schwebten, in den Abgrund zu stürzen? Es war unfassbar komisch. Unsere kleine Reisegruppe reagierte entsprechend mitleidlos. Wir alle kennen Omar seit Jahren, und wir konnten der Versuchung nicht widerstehen, uns völlig unbeschwert über ihn lustig zu machen. Also bestätigten wir, dass die Lage in der Tat sehr bedrohlich sei. Wir unterhielten uns ausführlich über die Möglichkeit eines Steinschlags und dessen unweigerlich tödliche Konsequenzen. Wir erörterten die Frage, ob man einen Sturz mit dem Auto aus so großer Höhe überhaupt überleben könne. Und irgendwann fragten wir unseren Freund sehr vergnügt, ob er eigentlich noch alle Tassen im Schrank habe.

Danach haben wir uns dann ziemlich geschämt. Omar fand weder die Situation noch unser Verhalten besonders lustig. Er wies kühl darauf hin, dass er infolge des Bürgerkrieges in seinem Land seit mehr als zehn Jahren – also seit dem Ende seiner Teenagerzeit – das Gelände des SOS-Kinderdorfes in Mogadischu nur mit bewaffnetem Geleitschutz verlassen habe, um unausweichliche Besorgungen in der Stadt zu erledigen. Einzige Ausnahme: die seltenen Dienstreisen nach Nairobi, bei denen es stets galt, anstehende Fragen mit dem für Ostafrika zuständigen Regionalbüro möglichst schnell zu klären. Schließlich musste er immer so rasch wie möglich an seinen Arbeitsplatz zurückkehren, wo er dringend gebraucht wurde.

Berge hatte Omar nie zuvor in seinem Leben aus der Nähe gesehen. Ebenso wenig wie viele andere Dinge, die aus unserer Sicht zum normalen Erfahrungsschatz eines Erwachsenen gehören, mit dem wir uns auf Augenhöhe unterhalten können, und bei denen wir uns gar nicht die Frage vorlegen, ob wir möglicherweise von falschen Voraussetzungen ausgehen. Omar analysierte seine Bildungsdefizite nüchtern und distanziert. Er wusste zumindest, worin sie bestanden. Das SOS-Kinderdorf in Mogadischu verfügt über eine Satellitenschüssel und somit über televisionären Zugang zum maßgeblichen Teil der Welt.

Hinsichtlich seiner Kenntnis der engen Grenzen des eigenen Horizonts ist Omar den Bundeswehrangehörigen und den Journalisten, die 1993 für zwei oder drei Tage nach Belet Huen gekommen waren, weit voraus. Die merkten gar nicht, dass sie nichts begriffen. Die meisten waren mit einer bestimmten Erwartungshaltung angereist, und sie fuhren in dem befriedigenden Gefühl wieder ab, dass ihr Urteil der Überprüfung standgehalten hatte. Es wäre erfreulich, könnte man den Kollegen schlicht eine leichtfertige, unseriöse Berufsauffassung unterstellen, gepaart mit mangelnder

Bereitschaft zur sorgfältigen Recherche. Dann ließen sich vergleichbare Situationen ja ganz leicht vermeiden – die Zentralredaktionen müssten eben bessere Reporter schicken.

Leider ist das Problem so einfach nicht zu lösen. Die meisten derjenigen, die Somalia damals besuchten, waren gute Journalisten. Sie beschäftigten sich seit Jahren mit Sicherheitspolitik, und sie verstanden viel von Themen, die mit der Bundeswehr zusammenhingen. Das ließ es einleuchtend und vernünftig erscheinen, dass gerade sie zur Begleitung der deutschen Truppen nach Afrika geschickt worden waren. Von den Verhältnissen dort nur wenig zu wissen empfanden sie durchaus als Mangel, und sie versuchten, in der kurzen zur Verfügung stehenden Zeit so viel wie möglich zu lernen. Nur selten habe ich Kollegen so eindringlich Fragen stellen hören wie bei der Besichtigung des Krankenhauses von Belet Huen oder bei Begegnungen mit Mitarbeitern internationaler Hilfsorganisationen. Mehr kann man von Journalisten nicht verlangen.

Es lässt sich leicht sagen, man dürfe doch wohl erwarten, dass Reporter sich gründlich genug auf eine Reise vorbereiten, um zu wissen, dass sie dem ersten Augenschein nicht trauen sollten. Es geht in einem solchen Zusammenhang ja nicht nur um die Kenntnis von Fakten, sondern auch um spontane, emotionale Reaktionen auf eine Umgebung, die in jeder Hinsicht so ganz anders ist als das gewohnte Umfeld. Derlei lässt sich nicht durch Archivbesuche trainieren.

Aber Fehleinschätzungen werden nicht dadurch weniger unerfreulich, dass diejenigen, die sie verbreiten, persönlich nichts dafür können. Es genügt eben nicht, Fragen zu stellen – man muss auch wissen, wonach man überhaupt fragen sollte. Das Krankenhaus von Belet Huen bot für mitteleuropäische Augen einen erschreckenden Anblick. Es fehlte an nahezu allen medizinischen Geräten bis hin zum Röntgenapparat, ohne die unserem Verständnis zufolge eine Klinik überhaupt nicht auskommen kann. Medikamente gab es keine, sie waren nur in umliegenden Apotheken erhältlich. Gegen Bezahlung, selbstverständlich. Pech für Kranke, die kein Geld hatten.

Wer so etwas zum ersten Mal zu sehen bekommt, muss ein Herz aus Stein haben, wenn er nicht sehnlichst wünscht, alles nur Erdenkliche möge getan werden, um die Lage zu verbessern. War es also nicht einfach ein Segen, dass der Sanitätsdienst der Bundeswehr hier wohltuend wirken konnte? Zumal ausländische Hilfsorganisationen kläglich zu versagen schienen? Der damalige Verteidigungsminister Volker Rühe, ebenfalls vor Ort, zeigte sich jedenfalls »enttäuscht« darüber, dass das Internationale Rote Kreuz seine Unterstützung für das Krankenhaus eingestellt hatte. Hielten Bundeswehrärzte nicht ambulante Sprechstunden ab, so betonte Rühe, dann gäbe es für die Patienten dort nun keinerlei internationale Unterstützung mehr. Die Botschaft erreichte die Adressaten. »Vorher war ich eigentlich skeptisch, aber jetzt denke ich doch, dass die Bundeswehr hier wirklich etwas Vernünftiges zu tun scheint«, meinte ein Fernsehjournalist später.

Genau das sollte er ja auch denken. Zu diesem Ergebnis des Besuchsprogramms konnte man der Bundesregierung nur gratulieren. Die Beteiligung der deutschen Armee am somalischen UN-Militäreinsatz war in Deutschland aus mehreren Gründen umstritten. Die SPD zeigte sich vor allem besorgt hinsichtlich einer möglichen Gefährdung der Soldaten. Außerdem war es damals noch nicht ganz aus der Mode gekommen, bei wehrpolitischen Entscheidungen angesichts der deutschen Vergangenheit zu besonderer Zurückhaltung zu mahnen.

Wer den Rest der Welt nicht ausschließlich als Folie betrachtete, um über die spezifischen deutschen Verhältnisse zu sinnieren, hatte im Zusammenhang mit Somalia darüber hinaus einige weitere Probleme. Bereits im Januar 1992 hatte der UN-Sicherheitsrat die Resolution 733 verabschiedet. Darin hieß es, die Situation in dem ostafrikanischen Land stelle, sofern sie andauere, eine »Bedrohung des internationalen Friedens und der Sicherheit« dar. Das bedeutete eine – zu Zeiten des Kalten Krieges noch unvorstellbare – Erweiterung des Sicherheitsbegriffs: Er wurde über zwischenstaatliche Beziehungen hinaus auf Bürgerkriege, also auf die innere Stabilität eines Landes, hin ausgedehnt.

Nicht mehr allein die Verhinderung von Angriffskriegen, sondern auch andere Gesichtspunkte sollten mithin künftig internationale Militärinterventionen legitimieren. Inzwischen werden dazu so unterschiedliche Aspekte gezählt wie die Menschenrechtssituation in einem Land, unkontrollierter Waffenhandel, aber auch die ungehinderte Versorgung der Industriestaaten mit Rohstoffen wie Öl – ein eindeutig nicht humanitäres, sondern ökonomisches und machtpolitisch bedeutsames Ziel. Der Paradigmenwechsel hat sich als folgenschwer erwiesen.

Die geistige Umwidmung militärischer Gewalt in einen Akt der Menschlichkeit hat dazu geführt, dass sich mittlerweile nicht mehr die Protagonisten einer Intervention, sondern deren Gegner des Verdachts erwehren müssen, sie seien mitleidlos, egoistisch, ideologisch verblendet oder gar moralisch verkommen. Die Schauplätze ändern sich, die Methode bleibt dieselbe. Der Kampf gegen ein terroristisches Netzwerk, mit dem der Krieg gegen Afghanistan begründet wurde, wandelte sich in dessen Verlauf zu einem Kampf gegen das Taliban-Regime und für die Rechte der Frauen. Der Irak-Krieg begann als präventive Operation, um Saddam Hussein daran zu hindern, seine Massenvernichtungswaffen einzusetzen und um seine vermuteten Verbindungen zum internationalen Terrorismus zu kappen. Inzwischen gibt es kaum noch Zweifel daran, dass er weder über das eine noch über das andere verfügte – und gar keine mehr daran, dass Washington die Öffentlichkeit mit zweifelhaften oder gar falschen Informationen gefüttert hat. Vor diesem Hintergrund klingt es geradezu zynisch, wenn die Angriffe, wie

Humanitäre Missverständnisse

geschehen, als Mittel der »Entwaffnung« eines Verbrechers definiert werden.

Die deutsche Beteiligung am Nato-Angriff auf das ehemalige Jugoslawien wurde mit Behauptungen legitimiert, von denen viele bis heute unbewiesen und andere widerlegt sind. »Rudolf Scharping machte einen wirklich guten Job«, lobte der ehemalige Nato-Sprecher Jamie Shea nach dem Kosovo-Krieg. »Nicht nur Minister Scharping, auch Kanzler Schröder und Minister Fischer waren ein großartiges Beispiel für politische Führer, die nicht der öffentlichen Meinung hinterherrennen, sondern sie zu formen verstehen. Wenn wir die öffentliche Meinung in Deutschland verloren hätten, dann hätten wir sie im ganzen Bündnis verloren.« Das hätte kriegsentscheidend sein können.

Als »gesicherte Erkenntnis« bezeichnete Außenminister Joschka Fischer am 6. April 1999 die Existenz des so genannten Hufeisenplans, der sich inzwischen als Erfindung herausgestellt hat. Dieser Plan sollte die Absicht der Serben beweisen, Kosovo-Albaner systematisch aus ihrer Heimat zu vertreiben, und er war zuvor schon mehrfach von Verteidigungsminister Rudolf Scharping als Begründung für die Notwendigkeit des Krieges gegen Jugoslawien herangezogen worden. Scharping hatte auch die – unbestreitbaren – Menschenrechtsverletzungen im Kosovo als Völkermord bezeichnet, von Konzentrationslagern gesprochen und detailliert unsägliche Foltermethoden geschildert. Nichts von alledem traf zu.

Darauf hinzuweisen wird häufig als Versuch missverstanden, die Verbrechen, die am albanischen Teil der Bevölkerung im Kosovo begangen wurden, bagatellisieren oder gar leugnen zu wollen. Wer so argumentiert, beschreitet einen gefährlichen Weg: Er erklärt Faktentreue für nicht so wichtig, solange Erklärungen und Veröffentlichungen einer guten Sache dienen. Dann könnten Journalisten allerdings auch gleich Recherchen durch Überzeugungen ersetzen. Ob ihnen das wirklich verübelt würde? Fehleinschätzungen, ja sogar gezielte Falschinformationen werden im Zusammenhang mit militärischen Operationen von derselben Öffentlichkeit gleichmütig hingenommen, die bei anderen Themen schnell mit empörten Rücktrittsforderungen reagiert. Kriegspropaganda scheint verzeihlicher zu sein als eine überhöhte Steuerschätzung.

Die überwältigende Mehrheit der Deutschen hätte damals, im Frühjahr 1993, eine Entwicklung allerdings ohnehin für unvorstellbar gehalten, die zur Beteiligung an Angriffskriegen führte, und interessierte sich für die komplexen Fragen der künftigen sicherheitspolitischen Leitlinien des Westens allenfalls am Rande. Zumal es in Somalia nur um ein vermeintlich leicht verständliches Problem und dessen ebenso einfache Lösung zu gehen schien.

Fernsehaufnahmen einer Hungerkatastrophe, wie sie grauenvoller nicht sein kann, hatten knapp ein Jahr zuvor die Welt erschüttert. Ein weiteres Mal zeigte sich die große Wirkung bewegter Bilder – und der große Einfluss der Vereinigten Staaten auf alle internationalen Entscheidungen, für die sich Washington engagieren möchte. Hilfsorganisationen hatten schon lange vergeblich auf die dramatische Zuspitzung der Verhältnisse in Somalia hingewiesen, Afrika-Korrespondenten aus aller Welt immer wieder darüber berichtet. Aber erst nachdem US-Fernsehsender auf das Thema aufmerksam geworden waren, beherrschte es auf einmal auch in anderen Ländern die Schlagzeilen.

Vorher war fast gar nichts passiert. Die humanitären Organisationen der Vereinten Nationen, deren Angestellte das Land während des Kampfes um die Hauptstadt Mogadischu verlassen hatten, waren auch mehr als ein Jahr nach dem Sturz von Präsident Siad Barre noch immer nicht zurückgekehrt. Mit »Schwierigkeiten, für die UNO-Mitarbeiter geeignete Versicherungen zu finden«, hatte ein Sprecher der Weltorganisation noch im Frühjahr 1992 die Tatsache begründet, dass das Internationale Rote Kreuz im Kampf gegen die Not fast völlig alleine dastand. Aber plötzlich hatten

Zuschauer in Wyoming und Maine persönlich gesehen, dass in Somalia kleine Kinder verhungerten – und das nur wenige Jahre nach dem endgültigen Sieg der USA im Kampf der Systeme. So konnte das Goldene Zeitalter nicht aussehen, das nun anbrechen sollte.

Über die Motive der Vereinigten Staaten, Soldaten nach Somalia zu schicken, ist seinerzeit viel spekuliert worden. Washington wolle sich den Zugriff auf die stillen Ölreserven des Landes sichern, lautete eine Interpretation. Die US-Regierung wolle ihren Anspruch auf die Rolle des Weltpolizisten untermauern, eine andere. Diese und weitere Überlegungen mögen eine Rolle gespielt haben, aber derlei Erklärungsversuche sind oft komplizierter als nötig. Die einfachste Antwort ist häufig die richtige. Kaum jemandem gefällt es, wenn Babys sterben, die nicht sterben müssten. Dem US-Präsidenten nicht, seinem russischen Amtskollegen nicht und vermutlich nicht einmal Saddam Hussein.

Allmachtsfantasien scheinen in vielen Fällen das erheblich größere Problem zu sein als sinistre Pläne und Verschwörungen. Die Entscheidungsträger haben vermutlich tatsächlich geglaubt, den regelmäßigen Plünderungen von Nahrungsmitteltransporten, die unmittelbarer Auslöser der Intervention gewesen sind, ein rasches Ende bereiten zu können. Mit den paar barfüßigen Banditen werde man schnell fertig: so die vollmundige Ankündigung, noch bevor der Erste der insgesamt mehr als 30 000 UN-Soldaten somalischen Boden betreten hatte. Die könnten ja nicht einmal richtig zielen. Wie sich herausstellte, konnten sie das doch. Und es waren ja auch nicht einfach nur Banditen, sondern Milizen der verschiedenen Bürgerkriegsparteien, die ihren Machtanspruch unter anderem aus ihrer Fähigkeit ableiteten, die Versorgung der Bevölkerung sicherstellen oder verhindern zu können.

Wollte diese Details jemand hören? Die wollte niemand hören. Einfache Antworten waren gefragt, und alle Warnungen wurden in den Wind geschlagen. Schlimmer noch: Wer angesichts der Not auch nur die Frage aufzuwerfen wagte, ob eine Militärintervention das geeignete Mittel für den Kampf gegen den Hunger sei, lief Gefahr, als Zyniker gebrandmarkt zu werden.

»Wenn euch Beirut gefallen hat, werdet ihr Mogadischu lieben.« Mit dieser sarkastischen Bemerkung machte sich Smith Hempstone, der US-Botschafter in Kenia, keine Freunde. Die somalische Mitarbeiterin der Menschenrechtsorganisation Africa Watch, Rakiya Omaar, wurde entlassen, nachdem sie in einem CNN-Interview erklärt hatte, sie befürchte eine Eskalation der Gewalt infolge der UN-Intervention. Beide sollten Recht behalten.

Der ehemalige britische Kolonialoffizier John Drysdale, der nach der Unabhängigkeit mehrere somalische Premierminister beraten hatte und einer der besten ausländischen Landeskenner überhaupt war, beriet einige Monate lang auch die UNO. Dann zog er sich zurück: Die UN-Vertreter wüssten sehr wenig über Somalia, so sagte er, und er habe nicht den Eindruck gewonnen, dass sie mehr über das Land zu lernen wünschten. Da wolle er dann nicht länger stören.

Zwischen der UNO und den USA wurde in Somalia damals übrigens kaum noch unterschieden. Zu Recht: Politisch und militärisch bestimmte Washington die Richtung. Zur Stabilisierung der Lage in Somalia hatten die Vereinten Nationen internationalen Truppen das bis dahin weitestgehende Mandat ihrer Geschichte erteilt. Die Gesamtkosten der Militäroperation betrugen am Ende etwa fünf Milliarden Dollar, ein Vielfaches der Summe, die für humanitäre Zwecke zur Verfügung stand. In jeder Lebenssituation gibt es einen Zeitpunkt, zu dem es für Zweifel zu spät ist. In der Politik ist dieser Zeitpunkt spätestens dann erreicht, wenn Milliarden verplant worden sind.

Als das deutsche Kontingent in Somalia eintraf, waren andere ausländische Militärs bereits seit über einem halben Jahr im Land.

Humanitäre Missverständnisse

Immer deutlicher zeichnete sich ab, dass die UN-Truppen nicht etwa Frieden brachten, sondern selbst zur Kriegspartei mutierten. Aber was zählen derart abstrakte Analysen, wenn man zum ersten Mal in einem afrikanischen Krankenhaus abseits der Hauptstädte steht? In der Klinik von Belet Huen gelang es, zahlreiche deutsche Journalisten – Meinungsmultiplikatoren mithin – emotional so stark zu berühren, dass auch Skeptiker nun davon überzeugt waren, es handele sich bei der Militäroperation um die konsequente Erweiterung einer dringend gebotenen Hilfsaktion und somit im Kern um einen humanitären Auftrag. Diese Behauptung hat sich in der Bundesrepublik als derart zündendes Argument in der innenpolitischen Debatte erwiesen, dass sie seither bekanntlich ungezählte Male und im Blick auf sehr unterschiedliche Situationen und Länder wiederholt worden ist.

Deshalb muss sie noch lange nicht stimmen. Auch die Verhältnisse in Belet Huen waren erheblich komplizierter, als sie auf den ersten Blick erschienen, und der Verlauf des journalistischen Besuchsprogramms bestätigte lediglich ein weiteres Mal die alte Erkenntnis: Man sieht nur, was man weiß. Was die deutschen Kollegen allesamt nicht wussten und deshalb auch nicht sahen: dass die örtliche Klinik zwar nach unseren Maßstäben tatsächlich erbärmlich schlecht ausgestattet war, aber immer noch besser als viele andere afrikanische Krankenhäuser, übrigens auch in friedlichen Teilen des Kontinents. Es traf zwar zu, dass keine ausländischen Mediziner dort arbeiteten. Dafür aber gleich mehrere somalische Ärzte, was in dieser Region als so gute Versorgung galt, dass sogar Patienten aus dem nahe gelegenen Äthiopien zur Behandlung kamen.

Nun lässt sich natürlich sagen, es sei schließlich ziemlich gleichgültig, ob die Lage anderswo noch schlimmer sei, und irgendwo müsse man mit praktischer Hilfe einfach anfangen. Warum also nicht in Belet Huen? Weil diese Betrachtungsweise neben anderen

Aspekten auch die Tatsache außer Acht lässt, dass immer und überall nur begrenzte Mittel zur Verfügung stehen. Das von Volker Rühe so geschmähte Rote Kreuz hatte damals gerade angekündigt, gemeinsam mit der islamischen Schwesterorganisation Roter Halbmond – der einzigen noch landesweit arbeitenden somalischen Einrichtung – 50 Kliniken in medizinisch besonders unterversorgten Gebieten von Somalia aufbauen zu wollen. Geschätzte Kosten bis Ende 1994: Umgerechnet knapp 50 Millionen Mark. Der Einsatz der Bundeswehr in dem ostafrikanischen Land hat über 300 Millionen Mark gekostet.

Es ist unbestreitbar, dass die Bundeswehr punktuell in den letzten Jahren auch sinnvolle humanitäre Arbeit geleistet hat. Das ist jedoch niemals die Hauptaufgabe einer Armee, sondern bestenfalls ein Nebenprodukt ihres jeweiligen eigentlichen Auftrages. Um ambulante Sprechstunden in einem Krankenhaus abzuhalten und ein paar tausend Liter Wasser in die Zisternen von Flüchtlingslagern zu füllen, wie es deutsche Soldaten in Belet Huen getan haben, müssen nicht 1 700 Mann samt Fahrzeugen und Waffen um die halbe Welt geflogen werden. Das ist billiger zu haben.

Das Entsetzen der aus Deutschland angereisten Journalisten angesichts des medizinischen Notstands zeugt nicht von besonderer Naivität und Leichtgläubigkeit. Der Anblick von menschlichem Elend bedarf immer der Gewöhnung, soll er das rationale Urteil nicht trüben – so roh sich das auch anhören mag. Ich habe verhungernde Babys zum ersten Mal in Mogadischu gesehen, zu einem Zeitpunkt, zu dem die somalische Hauptstadt zwar noch nicht selbst umkämpft, aber bereits von Rebellengruppen eingeschlossen war und daher unter erheblichen Versorgungsengpässen litt. Die Säuglinge lagen im größten Krankenhaus der Stadt. In einem Krankenhaus! Verhungernde Kinder! Der Anblick traf mich völlig unvorbereitet. Das konnte, das durfte einfach nicht sein. Spontan übergab ich den katholischen Nonnen, die für die Station zuständig waren, fast den gesamten noch verfügbaren Teil meiner Reisekasse, verbunden mit der Auflage, Nahrungsmittel von dem Geld zu kaufen. Eine der italienischen Schwestern wagte einen Hinweis: Die Klinik verfüge über keinerlei Budget, um Patienten mit Lebensmitteln zu versorgen, angesichts der sich zuspitzenden Gesamtlage nicht einmal mehr über einen Notgroschen. Es sei üblich, dass Kranke von ihren Familien ernährt würden. Für diese Babys fühle sich jedoch aus unbekannten Gründen niemand zuständig, sie seien vermutlich entweder von ihren Verwandten getrennt worden oder würden von diesen abgelehnt. Ihr Schicksal sei unabwendbar. Sobald meine Spende aufgebraucht sei, müssten sie verhungern.

Die anderen Nonnen nickten zustimmend. Allen war anzusehen, dass es ihnen keine Freude bereitete, diese nüchternen Informationen weiterzugeben, und es ist gewiss davon auszugehen, dass sie sich unter ihrer Berufung einst etwas anderes vorgestellt hatten, als Säuglingen untätig beim Sterben zuzuschauen. Die Schwester, die als Wortführerin auftrat, unterbreitete vorsichtig einen Vorschlag: Ob ich einverstanden sei, wenn sie das Geld zum Ankauf von Lehrbüchern verwendeten? Es gebe nahezu keine Fachliteratur mehr in Mogadischu, und die Ausbildung von Medizinstudenten oder Pflegern sei fast unmöglich geworden.

Ich habe es immer für sinnvoller gehalten, Notleidenden eine Angel statt eines Fisches zu schenken. Das Schlagwort, dem zufolge jede Form der Hilfe vor allem die Möglichkeiten zur Selbsthilfe erweitern muss, ist bei mir stets auf vorbehaltlose Zustimmung gestoßen. Und trotzdem erfolgte meine Reaktion spontan, heftig und ohne den geringsten Zweifel an der Richtigkeit meiner Entscheidung: Das kam überhaupt nicht in Frage. Vor meinen Augen verhungerten Babys! Was immer in meinen Kräften stand, würde ich unternehmen, um genau diese Säuglinge zu retten! Bücher statt Lebensmittel? In einer so konkreten Notsituation? Ganz bestimmt nicht.

Die Nonnen lächelten verständnisvoll und resigniert. Sie bedankten sich höflich. Ich bin sicher, dass sie das Geld in meinem Sinne verwendet haben, und ich zweifle nicht daran, dass alle Kinder, die ich zu retten wünschte, längst tot sind. Manchmal tröstet mich der Gedanke, dass vermutlich auch alle neu gekauften Bücher gestohlen oder vernichtet worden wären, als der Bürgerkrieg wenig später Mogadischu erreichte. Das Krankenhaus wurde nur einige Monate nach meinem Besuch bis auf die Grundmauern geplündert.

Mit meiner Spende habe ich wenigstens keinen Schaden angerichtet. Das gilt nicht für alle barmherzigen Gaben. Immer wieder verteilten Journalisten, die Somalia bereisten, ein paar Lebensmittel oder Süßigkeiten an Notleidende. So verständlich und sympathisch der Wunsch auch ist, angesichts von menschlichem Elend nicht einfach nur beobachtend abseits zu stehen, so fatal sind die möglichen Folgen. Unüberlegte Hilfe mag das eigene Gewissen beruhigen. Aber sie kann Menschenleben gefährden.

Wen Reporter überhaupt zu sehen bekommen, der ist im Regelfall wenigstens in Reichweite professioneller Hilfe. Aber gerade die Schwächsten schaffen es oft nicht mehr, um Hilfe zu bitten oder zu den zentralen Ausgabestellen vorzudringen. Je unübersichtlicher die Zustände sind, desto größer ist die Gefahr, dass niemand mehr auf sie achtet und sie hilflos irgendwo am Straßenrand stranden. Ihre Situation verschlechtert sich weiter, wenn die Stärkeren annehmen müssen, dass ihre Chancen auf Sonderrationen steigen, je mehr sie die Austeilenden bedrängen. Genau das ist die Botschaft, die von willkürlich verschenkten Süßigkeiten oder anderen Nahrungsmitteln ausgeht.

Nach dem gigantischen Ansturm von Medien aus aller Welt konnten die Mitarbeiter humanitärer Organisationen in den besonders frequentierten somalischen Städten kaum noch über die Straße gehen, ohne von einem beständig anwachsenden Pulk von Menschen umlagert zu werden. Solche Szenen liefern zwar großartige Fotos und Fernsehbilder, aber sie erschweren die Arbeit der professionellen Helfer. Es kann mit Sicherheit angenommen werden, dass keiner der Schenkenden das gewusst oder gar gewünscht hat. Denjenigen, die darunter zu leiden hatten, hilft das nicht.

Kaum eine andere humanitäre Maßnahme ist derart schwierig und bedarf vergleichbar großer Erfahrung wie die Verteilung von Lebensmitteln in einem Hungergebiet. Wo die Verzweiflung am tiefsten ist, ist auch das Chaos am größten. Selbst in gut versorgten, fest etablierten Flüchtlingslagern, in denen Hilfswerke die logistischen Probleme weitgehend im Griff haben, wird erbittert über die Rationen gestritten, nicht selten werden Auseinandersetzungen sogar gewaltsam ausgetragen. Die Registrierung, mit der die Zahl der Bewohner ermittelt werden soll, ist eine beständige Quelle des Unmuts und der Unsicherheit.

Im Allgemeinen lässt sich allenfalls schätzen, wie viele Menschen tatsächlich in einem Lager leben, denn Flüchtlinge sind bei ihren Versuchen überaus einfallsreich, doppelte oder dreifache Zuteilungen zu ergattern. Not macht erfinderisch, überall auf der Welt. Die Angestellten der humanitären Organisationen dürfen die Augen bei allem Verständnis nicht zudrücken: Zum einen natürlich deshalb, weil die verfügbare Menge an Gütern immer knapp ist. Zum anderen aber auch, weil in vielen – vor allem grenznahen – Regionen stets die Gefahr besteht, dass ein Teil der Lebensmittel für die Versorgung von Milizen abgezweigt wird. Dafür ist humanitäre Hilfe ja nun gerade nicht gedacht.

Aber alle Schwierigkeiten in Flüchtlingslagern sind lächerlich klein, verglichen mit den Problemen, die entstehen, wenn sich die Zahl der Bedürftigen überhaupt nicht ermitteln lässt, weil das Gebiet, in dem sie sich befinden, nicht klar abgegrenzt ist. Im August 1992 bin ich nach Baidoa gereist, in einen Ort, der von der somalischen Hungersnot besonders schwer betroffen war. Vor einem verschlossenen Eisentor an der Hauptstraße drängten sich

Hunderte von Menschen. Sie warteten darauf, das große Gelände dahinter betreten zu dürfen, wo wenig später Reis und Bohnen verteilt wurden. Mitten in der schubsenden, stoßenden Menge saß ein etwa vierjähriges Mädchen, das eine Blechschüssel in dürren Fingern hielt. Es starrte blicklos ins Leere, seine Umgebung schien es gar nicht mehr wahrzunehmen. Ob das Kind es überhaupt bis zur Essensausgabe geschafft hat?

Einer der Männer, die eine Mahlzeit bekommen haben, war Ibrahim Abdi Rahman. »Ich war einmal einer der reichsten Männer in meinem Dorf«, erzählte er später. »Ich hatte 22 Kühe und acht Ochsen und habe Fleisch nach Mogadischu exportiert. Alle Tiere sind geraubt worden oder tot.« Sein Dorf Ufuru liegt rund 70 Kilometer von der Kleinstadt entfernt. »Meine Frau und meine elf Kinder waren zu schwach, um mit mir nach Baidoa zu kommen. Ich habe ihr Schicksal in Gottes Hand gelegt. Ich weiß nicht, ob sie noch leben oder schon gestorben sind.« In Ufuru waren keine UN-Soldaten stationiert, es gab dort auch keine Büros internationaler Organisationen. Und keine Reporter.

Eine verblüffend große Zahl ausländischer Journalisten meinte, der Rollenwechsel von Beobachtern zu Helfern und zurück lasse sich problemlos bewältigen. Das wirft ein Schlaglicht auf eine unerfreuliche Begleiterscheinung des seltsamen Umstandes, dass Militärinterventionen in den letzten Jahren meist als humanitäre Operationen dargestellt wurden, die sich lediglich anderer Mittel als der herkömmlichen bedienten. Über dieser Deutung ist nämlich aus dem Blickfeld geraten, dass die Angestellten von Hilfswerken, jedenfalls die in verantwortlicher Position, keineswegs einfach nette Leute sind, die möglichst viel Gutes tun möchten. Sondern dass sie einen komplizierten Beruf ausüben, der in all seinen Feinheiten nur in jahrelanger Praxis erlernt werden kann. Die Tatsache, dass es in der deutschen Handwerksordnung für diese Tätigkeit keinen Meistertitel gibt, ändert daran nichts.

Wo soll ein Flüchtlingslager errichtet werden? Ganz bestimmt nicht, wie im Kosovo-Krieg geschehen, in unmittelbarer Nähe der Grenze zum Kampfgebiet. Allzu groß ist dort die Gefahr der Infiltration und die Versuchung, Medikamente und Lebensmittel für eine der Kriegsparteien abzuzweigen. Ist es nicht immer und in jedem Falle sinnvoll, Schulen für Flüchtlingskinder zu errichten? Keineswegs, wie sich beispielsweise im Sudan gezeigt hat. Wenn ein Lager nur als Transitcamp geplant ist, dann wird die Umsiedlung umso schwieriger, je besser die Infrastruktur im Übergangslager ist. Was spricht dagegen, den Cousin des sympathischen lokalen Angestellten einzustellen, wenn zufällig ein Arbeitsplatz frei wird? Dass sich die ausländischen Arbeitgeber leicht dem Verdacht aussetzen, eine bestimmte Ethnie oder politische Gruppierung zu bevorzugen.

Die Liste der Aspekte, die im Zusammenhang mit humanitärer Hilfe in Krisenregionen bedacht werden muss, ist lang und ließe sich fortsetzen. Es ist nicht erstaunlich, dass Offiziere sie nicht alle im Kopf haben. Das ist nicht ihr Job. Verwunderlich ist hingegen, dass zahlreiche Journalisten inzwischen zu glauben scheinen, es genüge, guten Willens zu sein, und der Rest werde sich irgendwie finden. Würden die Bundeswehrexperten unter ihnen je behaupten, ein Waffennarr habe aufgrund seines persönlichen Hobbys die Qualifikation für einen Kampfeinsatz erworben und professionelle Ausbildung bei einer Armee sei überflüssig? Bestimmt nicht. Aber wieso meinen sie, dass humanitäre Hilfe anderen Gesetzen folgt? Das lässt die Zuverlässigkeit ihrer Berichterstattung über dieses Thema insgesamt fragwürdig erscheinen.

Die überwältigende Mehrheit der aus Deutschland angereisten Soldaten und Reporter, die ich in Afrika getroffen habe, waren aus tiefstem Herzen und ehrlich entsetzt über die Zustände, die sie vorfanden, und glaubten – oder wollten zumindest gerne glauben – dass ihr Einsatz dazu beitrug, leidenden Menschen zu helfen. Diese Gefühle machten sie in besonderem Maße anfällig für die ebenso verführerische wie falsche Botschaft, es gebe immer irgendwo einen gordischen Knoten, den man nur ganz einfach durchhauen müsse, und schon seien alle Probleme gelöst. Anders ausgedrückt: Wenn sich redliches Mitgefühl mit unzureichender Sachkenntnis verbindet, dann ist dies der beste Nährboden für politische Agitation. Auch und gerade für Kriegspropaganda. Wie sich in den letzten Jahren bereits mehrfach, vermutlich aber noch nicht zum letzten Mal gezeigt hat.

2
Arbeitsbedingungen

Die deutschen Journalisten, die 1993 mit dem Hauptkontingent der Bundeswehr nach Belet Huen reisten, befassten sich in ihrem beruflichen Alltag fast ausschließlich mit innenpolitischen Themen. Ihre Dienstreise hatte sie nur ausnahmsweise in ein Krisengebiet geführt. Sie waren keine Kriegsberichterstatter im herkömmlichen Sinne. Gibt es diesen Berufsstand in des Wortes klassischer Bedeutung überhaupt noch?

Das romantische Bild der Kriegsberichterstattung, das manche Filme und Bücher bis heute zeichnen, hatte vermutlich auch früher nur wenig mit der Wirklichkeit zu tun. Inzwischen ist es absurd. Reporter in Krisengebieten sind keine knorrigen, wagemutigen Einzelkämpfer mit einer rauen Schale und einem Herz aus Gold, die sich tapfer durch Dschungel oder Wüste schlagen, unentwegt auf der Suche nach der Wahrheit und oder doch wenigstens einer guten Exklusivgeschichte. Sie sind vielmehr Teil einer gigantischen Medienindustrie – zu der nicht nur, aber auch die Unterhaltungsbranche gehört – und sie sind sehr häufig im Pulk unterwegs, jedenfalls dann, wenn bestimmte Ereignisse gerade Schlagzeilen machen.

Im günstigen Fall beherrschen sie ihren Beruf. Was gerade in Krisengebieten auch bedeutet: misstrauisch und wachsam zu bleiben gegenüber allen Versuchen der Beeinflussung und der Instrumentalisierung. Das ist im Krieg noch schwieriger als im Frieden, weil die Möglichkeiten der Gegenrecherche oft sehr begrenzt sind.

Frontberichte

Wer in den neunziger Jahren über Ostafrika berichtete, gewöhnte sich schnell daran, den bewaffneten Auseinandersetzungen hinterherzureisen. Der Völkermord in Ruanda, der Bürgerkrieg in Burundi, der Zerfall des heutigen Kongo und damaligen Zaire, die chaotische Lage in Somalia und der Krieg im Sudan waren nur einige der Entwicklungen, mit denen sich die Regionalkorrespondenten in diesen Jahren regelmäßig beschäftigen mussten. An ständig wechselnden Orten trafen sich stets dieselben Journalisten, von denen die meisten in Nairobi, manche in der simbabwischen Hauptstadt Harare und einige sogar im fernen Südafrika akkreditiert waren.

Afrika war bekanntlich früher schon, auch nach dem Ende der Kolonialzeit, der Schauplatz zahlreicher Kämpfe gewesen. Auf dem Kontinent wurden besonders viele Stellvertreterkriege der einstigen Weltmächte ausgefochten. Deren Unterstützung der jeweiligen Konfliktparteien hatte dazu geführt, dass seit der formalen Unabhängigkeit vielerorts nur bewaffnete Kräfte stark genug gewesen waren, um einen politischen Wechsel zu erzwingen. Ein problemloser Stafettenwechsel wie 1978 in Kenia, wo nach dem Tod des Staatsgründers Jomo Kenyatta der langjährige Vizepräsident Daniel Arap Moi verfassungsgemäß dessen Nachfolge antrat, war die Ausnahme und nicht die Regel. Demokratische Verhältnisse konnten sich dauerhaft in den ersten Jahrzehnten der Unabhängigkeit in keinem Staat der Region etablieren.

Berichte über Putsche oder gescheiterte Putschversuche, über wechselnde Erfolge von Rebellenbewegungen und auch über einige zwischenstaatliche Kriege waren daher seit langem ein normaler Bestandteil der journalistischen Arbeit in Afrika. Aber der rasante technische Fortschritt in den neunziger Jahren – von der Computertechnologie bis zur Satellitentechnik – erzeugte eine ungeheure Beschleunigung der Nachrichtenübermittlung, einen dramatischen Bedeutungszuwachs der elektronischen Medien und damit wachsenden Konkurrenzdruck. Der wiederum dazu führt, dass die Bedeutung einer Nachricht weniger an ihrer langfristigen Wirkung als vielmehr an ihrem kurzfristigen Aufmerksamkeitswert gemessen wird.

Viele von uns liefen fast pausenlos der BBC, die über ein sehr dichtes Netz freier Mitarbeiter auf dem Kontinent verfügt, und gelegentlich auch CNN hinterher. Zeit bedeutet auch hier häufig Geld: Wer seinen Lebensunterhalt zumindest teilweise mit freien Aufträgen verdient, kann ebenso gut gleich zu Hause bleiben, wenn im Zusammenhang mit einer aktuellen Geschichte feststeht, dass er oder sie das Ziel erst einen Tag nach dem großen Tross der Kollegen erreichen wird. Aber sogar fest angestellten, gut bezahlten Korrespondenten bleibt oft gar nichts anderes übrig, als mit der Herde zu rennen, wenn sie ihren guten Ruf bei Lesern und Redaktion nicht verlieren wollen, weil ihre Berichterstattung als nicht aktuell genug gilt.

Rennen heißt in Afrika in einem solchen Zusammenhang: fliegen. Kaum eines der Ziele, die Journalisten ansteuern, lässt sich auf dem Landweg erreichen. Das Straßennetz ist weitmaschig, und eine Autofahrt birgt viele Risiken. Dabei muss es sich keineswegs um dramatische Gefahren wie Landminen oder marodierende Milizen handeln. Schlaglöcher genügen. Jedenfalls dann, wenn die nächste Tankstelle oder Werkstatt 50 Kilometer weit entfernt ist. Das Flugzeug ist also fast immer das Verkehrsmittel der Wahl, aber nur selten werden Orte, an denen gerade ein spektakuläres, medienwirksames Ereignis stattgefunden hat, von regulären Linien angeflogen.

Daher werden internationale Hilfsorganisationen oder auch mal, wenn denn möglich, ausländische Militärs um Mitfluggelegenheiten gebeten. Falls das nicht klappt, dann wird eigens eine Maschine angemietet. Medien mit großer Reichweite, vor allem internationale Nachrichtenagenturen und Fernsehsender, können es sich leisten, am Wilson Airport in Nairobi eine Maschine zu chartern, wo rund ein Dutzend kleine Unternehmen diesen Service anbieten. Gegen anteilige Bezahlung sind die Kollegen im Allgemeinen bereit, weitere Journalisten mitzunehmen, sofern das Flugzeug noch nicht voll besetzt ist. Für Freiberufler ist auch deshalb Eile geboten. Zwar kommt dieser Reiseweg stets teurer als ein Linienflug, aber mit Blick auf künftige Aufträge lohnt er sich dennoch fast immer.

Ein Flugzeug chartern: In westlichen Industriegesellschaften klingt diese Formulierung nach Luxus, Reichtum und Jet-Set. In Afrika nach mühseliger, stumpfsinniger Organisationsarbeit. »Der Glamour internationaler Reisen«, spöttelte ein britischer Journalist, nachdem er sich Ende Mai 1991 mit etwa zehn Kollegen und Kolleginnen über Tage hinweg bei dem vergeblichen Versuch abgewechselt hatte, eine der verschiedenen Chartergesellschaften in Nairobi davon zu überzeugen, Addis Abeba anzufliegen.

In Äthiopien hatte gerade ein Machtwechsel stattgefunden, und die neuen Herrscher hatten den Flughafen der Hauptstadt gesperrt. Entgegen einem weit verbreiteten Klischee gibt es auch in Afrika so lästige Dinge wie Start- und Landegenehmigungen, und die seriösen Firmen hatten wenig Lust, ihre Lizenz für ein einmaliges, wenngleich lukratives Abenteuer aufs Spiel zu setzen. Nach fast einer Woche fand sich doch ein Unternehmen, das für einen wahrlich abenteuerlichen Preis das Wagnis einzugehen bereit war.

Der Flug war nicht angenehm. Die vormaligen Rebellen und neuen Regenten hatten sich eines sehr einfachen Mittels bedient, um den Anflug auf Addis Abeba zu verhindern: Sie ließen den Tower unbesetzt. Der Pilot hatte daher keine Chance zur Kommunikation, und das bei tief hängenden Wolken. Er wählte eine wenig beruhigende Alternative: »Halten Sie nach Bergen Ausschau«, bat er seine Passagiere, und es war nicht schwierig, dieser Bitte zu entsprechen. Die äthiopische Hauptstadt liegt inmitten einer Gebirgsregion.

Arbeitsbedingungen

Eine heikle Situation für einen Sichtflug. Irgendwann fand der Pilot den Flughafen, und er brachte uns heil herunter. Allerdings stecken Unternehmen, die derart riskante Verträge abzuschließen bereit sind, nicht mehr Geld als unbedingt erforderlich in die Wartung ihrer Flugzeuge. Nur wenige Stunden später war eine weitere Maschine aus Nairobi zur Notlandung neben der Landebahn gezwungen, weil das Fahrwerk versagte.

Niemand kam zu Schaden, aber die neue Regierung war spätestens nach diesem Ereignis das Spiel endgültig leid. Sie wollte ihre Autorität nicht dauerhaft durch die Weltpresse in Frage gestellt sehen, und ganz gewiss wollte sie nicht irgendwann für den Tod ausländischer Journalisten verantwortlich gemacht werden, wie ungerecht ein solcher Vorwurf auch immer gewesen wäre. Also blockierte sie nun die Landebahn dauerhaft und unmissverständlich mit Panzern und Lastwagen. Das funktionierte. Danach kam niemand mehr.

Aber warum sind wir überhaupt nach Addis Abeba geflogen? Warum gingen vernünftige, erwachsene Leute ein so hohes Risiko ein, darunter Väter und Mütter, die allesamt ihren Kindern verboten hätten, auch nur per Anhalter zu fahren? Weil die Konkurrenz schon da war. Einige andere Reporter hatten das Glück gehabt, über gültige Visa des alten Regimes zu verfügen, waren rechtzeitig angereist und hatten den Umsturz live vor Ort miterleben können.

Wir waren ohnehin zu spät dran. Tagelang hatten wir in Nairobi Kurzwellensender gehört und herumtelefoniert, während die Kollegen aus Addis Abeba farbige Reportagen absetzten. So etwas macht nervös. Der Herdentrieb von Journalisten erinnert gelegentlich an den von Lemmingen. Und das Entsetzen über den eigenen Leichtsinn kommt immer erst hinterher, wenn überhaupt.

Die weit verbreitete Ansicht, eine immer schnellere Berichterstattung sei gleichbedeutend mit einer immer umfassenderen und besseren Unterrichtung der Öffentlichkeit, ist ein Irrglaube und die

Behauptung, wir lebten in einer Informationsgesellschaft, lediglich ein Ausdruck kollektiver Selbsttäuschung. Das Gegenteil ist richtig. Medien gleichen ihre Prioritäten immer stärker aneinander an, ungeachtet ihrer individuellen Unterschiede und Zielgruppenorientierungen. Ihr gemeinsames Merkmal: Atemlosigkeit. In immer kürzeren Abständen tauchen Geschichten scheinbar aus dem Nichts auf, beherrschen die Schlagzeilen und versinken danach wieder im Dunkeln des vollständigen Desinteresses der Öffentlichkeit.

Der Bürgerkrieg im Kongo, einer der verlustreichsten Konflikte seit dem Ende des Zweiten Weltkrieges, stand nur für einige wenige Wochen plötzlich im Blickpunkt des deutschen Interesses: als nämlich die Bundeswehr 2003 vom ugandischen Entebbe aus logistische Unterstützung für eine im kongolesischen Bunia stationierte französische Eingreiftruppe der Europäischen Union bereitstellte. Inzwischen ist das Mandat abgelaufen, die Scheinwerfer sind ausgeschaltet. Verteidigungsminister Peter Struck hat die Operation als Erfolg bezeichnet, und das Morden geht weiter. Ohne Kameras. Was gleichbedeutend ist mit dem Ausschluss der Öffentlichkeit.

Informationen, die das Leben der heimischen Öffentlichkeit unmittelbar berühren, haben sogar dann eine Chance auf einen prominenten Platz in den Nachrichten, wenn dazu lediglich ein Foto des zuständigen Ministers gezeigt werden kann. Vertrauliche Absprachen über eine Erhöhung der Mehrwertsteuer sind allemal interessant. Aber je ferner ein Ereignis ist und je weniger eine politische Entwicklung in den eigenen Alltag eingreift, desto dramatischer müssen die Informationen und möglichst auch die entsprechenden Bildberichte sein, um breite Aufmerksamkeit zu erregen.

Die meisten Korrespondenten, die in den neunziger Jahren in Nairobi akkreditiert waren, sahen sich selbst nicht als Kriegsberichterstatter. Manche hätten eine solche Bezeichnung sogar nachdrücklich zurückgewiesen: Ihnen ging es auf die Nerven, ja sie hiel-

Arbeitsbedingungen

ten es für politisch fatal, dass der Rest der Welt sich für den Kontinent – allenfalls mit der Ausnahme von Südafrika – fast nur dann interessierte, wenn Blut floss oder spektakuläre Formen von Elend zu besichtigen waren. Zu Recht wiesen sie darauf hin, dass friedliche Entwicklungen, Religionen, Kulturen, Musik und der ganz normale Alltag in afrikanischen Ländern genug interessanten Stoff für Berichte und Reportagen bot, abseits von Sensationen. Sie verwendeten viel Zeit und Mühe darauf, auch andere Themen ins Blatt oder ins Programm zu bringen.

Dennoch ist kein hauptberuflicher ausländischer Journalist in Afrika damals darum herumgekommen, sich in Krisengebiete zu begeben – ob ihm diese Tätigkeit nun gefiel oder nicht. Alle Medien und ganz besonders die so genannten Qualitätsmedien wünschen sich auch weiterhin Reportagen abseits der ausgetretenen Pfade, entlang derer die Karawanen der Weltpresse ziehen. Das bedeutet jedoch nicht, dass man die Schauplätze ignorieren kann, zu denen sich diese Karawanen begeben. Wenn die ersten US-Truppen am Strand von Mogadischu ankommen und dort von Journalisten aus aller Welt erwartet werden, dann ist es keine gute Idee, ausgerechnet zu diesem Zeitpunkt nach Sambia zu reisen, um Material für eine Analyse über die wirtschaftliche Entwicklung im Kupfergürtel zu sammeln.

Damit macht man sich nicht nur in der Redaktion unbeliebt, sondern auch bei den Lesern. Die mögen noch so oft die Uniformität der Berichterstattung und die allzu große Konzentration auf spektakuläre Geschehnisse beklagen: wenn Hörfunk, Fernsehen und alle anderen Zeitungen über ein bestimmtes Ereignis berichten, nur die von ihnen abonnierte nicht, dann fühlen sie sich schlecht bedient. Und legen den Hintergrundbericht über Sambia vielleicht nicht einmal dorthin, wo derartige Berichte oft landen. Auf den großen Stapel von Artikeln, die unbedingt irgendwann einmal gelesen werden müssen und spätestens an Silvester entsorgt werden.

Selbstverständlich werden Hintergrundberichte nicht von allen Leuten beiseite gelegt. Die Redaktionen verschiedener Fernseh- und Hörfunksendungen haben eine ziemlich klare Vorstellung davon, an welche Zielgruppe sie sich wenden, und die Korrespondenten gestalten entsprechend ihre Beiträge auch mit Rücksicht darauf, ob sie für den »Weltspiegel« oder für das Ressort Unterhaltung gedacht sind. Zeitungsredaktionen stehen demgegenüber vor dem Problem, dass sie die Erwartungen sehr vieler verschiedener Gruppen mit ganz unterschiedlichen Interessen gleichzeitig erfüllen sollen. Das jeweilige Fachpublikum will ebenso wie die breite Öffentlichkeit zuverlässig über aktuelle Entwicklungen informiert werden – aber die Schnittmenge der Artikel, die alle gleichermaßen anspricht, ist klein. Vor allem im Zusammenhang mit einem von der Mehrheit als »Randthema« empfundenen Gebiet wie Afrika.

Das macht die Entscheidung, wohin die nächste Dienstreise führen soll, in ruhigen Zeiten nicht einfacher. Zumal dann nicht, wenn das Berichtsgebiet wie in Ost- und Zentralafrika je nach geografischer Zuordnung 15 bis 20 Staaten umfasst und die Behauptung ohnehin hochstaplerisch wäre, dass man die Verhältnisse in all diesen Ländern genau kenne. Wenigstens in dieser Hinsicht hat es seine Vorteile, wenn Ereignisse in einem bestimmten Land plötzlich weltweit Schlagzeilen machen. Man weiß, wo man zu sein hat.

Auch politische und militärische Akteure wissen sehr genau, was von ihnen erwartet wird, wenn es um Berichterstattung für die große Mehrheit geht: ein Minimum an unterhaltsamen Elementen. Wer eine gute Presse haben will, muss dafür eine Gegenleistung erbringen – also die Interessen der Journalisten berücksichtigen. »Ihr bekommt wirklich eine gute Show«, versprach Kirk Coker den mehreren Hundert Reportern, die in der Nacht vom 8. auf den 9. Dezember 1992 hinter dem Flughafen von Mogadischu auf

Sanddünen lagerten. Der US-Offizier gehörte zu der Vorhut von etwa 30 Mann, die kurz nach Mitternacht den Strand von Mogadischu erreichten.

Diese boten ein wunderbares Bild. Mit Ausnahme von Coker hatten alle ihre Gesichter geschwärzt – offenbar sollte das der Tarnung dienen – und sie bewegten sich wie im Lehrbuch vorgeschrieben: Sichernd, das Gewehr im Anschlag, vorsichtig und offensiv zugleich. Nur dass sie sich, vorhersehbar, eben keinen bewaffneten Feinden gegenübersahen, sondern übermüdeten Journalisten, die ihre Ankunft schon seit Stunden sehnsüchtig erwartet hatten.

Ebenso wie die Bevölkerung von Mogadischu waren alle Journalisten schon lange ziemlich präzise über den Zeitplan für die Ankunft der ersten ausländischen Truppen in Somalia informiert worden. Vertraulich, natürlich, aber aus ungewöhnlich zahlreichen Quellen. Was so viel hieß wie: Unsere Anwesenheit war ausdrücklich erwünscht. Der später erhobene Vorwurf, die Medien hätten die Landung der US-Soldaten erschwert, war deshalb besonders ungerecht. Denn alle hatten doch genau das getan, was erwartet worden war. Sich pflichtbewusst zur Stelle gemeldet.

Einen Faktor hatte der Reporter-Tross damals allerdings noch nicht ausreichend berücksichtigt, der inzwischen zum kleinen Einmaleins gehört: dass nämlich die Ankunft des optisch eindrucksvollsten Gerätes – in diesem Fall der Amphibienfahrzeuge – möglichst zeitnah zu den wichtigsten US-Fernsehnachrichten erfolgen würde. Von dieser Überlegung abgesehen gab es keinen einzigen vernünftigen Grund, weshalb die ersten US-Soldaten mitten in der dunklen Nacht in Somalia ankommen mussten. In dieser Hinsicht haben Journalisten dazugelernt. Heute könnte es in einer vergleichbaren Situation wohl nicht mehr passieren, dass die Karawane acht Stunden zu früh am Ort des Geschehens einträfe.

Dass es außer ein paar Fernsehbildern wenig zu gewinnen gäbe, stand von vornherein fest. Die somalischen Milizen hatten ihre

Waffen versteckt und warteten erst einmal ab. In den vergangenen Tagen waren Fahrten durch Mogadischu so entspannt und risikolos gewesen wie zwei Jahre lang nicht mehr. Wer sich in Somalia auskannte, wusste, dass die Hürden des Einsatzes frühestens in einigen Wochen erkennbar werden würden. Warum sind wir dann dennoch alle an den Strand von Mogadischu gepilgert? Ganz einfach. Aus demselben Grund, aus dem wir den geschlossenen Flughafen von Addis Abeba angesteuert hatten. Die Konkurrenz war auch da. Der Druck ist hoch, und die Eitelkeit ist groß.

Außerdem kommt es nicht oft vor, dass man als Korrespondentin zugleich Zeitzeugin sein darf, also ein Ereignis aus nächster Nähe selbst beobachten kann, das später einmal als wichtiger Meilenstein in der Geschichte eines Landes betrachtet werden wird. Das galt für die Landung der US-Truppen in Mogadischu ohne jeden Zweifel und zwar unabhängig davon, ob man die Operation für richtig oder für falsch hielt. Sobald die ersten Soldaten somalischen Boden betreten hatten, war das ohnehin nur noch von untergeordneter Bedeutung. Das Faktische entfaltet bekanntlich eine große normative Kraft.

Wenn ein Militäreinsatz begonnen hat, dann wird in manchen Medien diese Entscheidung auch weiterhin kritisiert. Was aber sofort endet, und zwar in allen Medien, ist die Erörterung möglicher Alternativen. Auf den ersten Blick wirkt das durchaus vernünftig. Ist ein Prozess erst einmal in Gang gesetzt, scheint eine Analyse der Frage, ob er vermeidbar gewesen wäre, nur rückwärtsgewandt und somit von ausschließlich historischem Interesse zu sein. Aber diese Dynamik hat Folgen: Sie verstärkt die Neigung, militärische Interventionen für das einzig mögliche Mittel zu halten, um ein gewünschtes Ziel zu erreichen. Gegner bestimmter Operationen oder Kriege werden von Befürwortern regelmäßig gefragt, ob sie diesem oder jenem Zustand denn »tatenlos« zusehen wollten. Als ob es nicht-militärische Taten gar nicht gäbe.

Arbeitsbedingungen

Somalia ist dafür ein besonders anschauliches Beispiel. Obwohl der Einsatz insgesamt als Misserfolg gilt, halten Politiker wie der ehemalige Verteidigungsminister Volker Rühe, der die Operation seinerzeit besonders nachdrücklich befürwortet hatte, hartnäckig bis heute daran fest, es sei den ausländischen Truppen doch wenigstens gelungen, die Hungersnot zu beseitigen. Das trifft nicht zu.

Der bewaffnete Begleitschutz für Nahrungsmitteltransporte bewirkte zwar, dass manche Hilfsgüter schneller und effizienter zu den Notleidenden gebracht werden konnten. Er rettete also Menschenleben. Aber der Zenit der Katastrophe war bereits vor Ankunft der Soldaten überschritten. In einem beispiellosen Kraftakt – der größten Operation in seiner Geschichte – hatte das Internationale Rote Kreuz einen Ring von Garküchen um die Kleinstädte in den besonders schwer betroffenen Regionen gezogen. Damit konnte der weitere Zustrom von Flüchtlingen in die Ballungszentren eingedämmt werden, wo die meisten Plünderungen stattfanden. Das, und nicht etwa der bewaffnete Begleitschutz, war die Maßnahme, die den Hunger besiegte.

Außerdem hat die Militärintervention eben auch Menschenleben gekostet, und damit sind nicht nur die unmittelbaren Opfer von Kampfhandlungen gemeint, die starben, weil die US-Truppen allmählich zur Kriegspartei mutierten. Weit dramatischer noch waren und sind die langfristigen Folgen des internationalen Scheiterns. Gemeinsam mit den Soldaten verließen auch die meisten Hilfsorganisationen das Land, in das sie nach dem Sturz des Diktators Siad Barre ohnehin nur sehr zögernd zurückgekehrt waren. Die Sicherheitslage war nach dem Abzug der ausländischen Militärs noch schlechter als vor deren Ankunft. Eine Ausnahme bildete lediglich der Norden, der sich vom Süden abgespalten und für unabhängig erklärt hat. Dort waren nie fremde Truppen stationiert.

Die Intervention hat die Probleme in Somalia nicht verursacht, aber sie konnte auch nichts zu deren Lösung beitragen. Es hätte eine Alternative gegeben: nämlich substantielle Hilfe beim Aufbau der zerstörten Infrastruktur des Landes und das Signal an die Kriegsfürsten und deren Geldgeber, Friede könne einträglicher sein als Kampf. Von Europa aus scheint es sich bei manchen afrikanischen Krisen um die Eruption dumpfer, unkontrollierbarer Gefühle zu handeln, die sich jeder Steuerung entziehen. Aus der Nähe betrachtet, kann davon keine Rede sein.

Es gibt eine Faustregel: Wenn man es tatsächlich unbegreiflich findet, dass sich ein politischer Akteur so und nicht anders verhält, dann weiß man über die Hintergründe eines Konflikts noch nicht genug. Wobei betont werden muss, dass es nicht dasselbe ist, etwas zu begreifen wie etwas zu billigen. Zahlreiche Politiker, Militärs und Kriegsfürsten in Afrika agieren verantwortungslos und menschenverachtend – aber eben dennoch rational, also entsprechend der immanenten Logik der jeweiligen Konflikte.

So beispielsweise auch der Kriegsfürst Farrah Aidid. Die USA sahen ihn als gefährlichen, halb verrückten Schurken, der für den Fortgang des Bürgerkrieges fast allein verantwortlich war und dessen finstere, unberechenbare Gesinnung bereits darin zum Ausdruck kam, dass er der Anwesenheit internationaler Truppen zunächst nur sehr widerwillig zugestimmt und sich später offen gegen sie gewandt hatte. Deutlicher als durch diese sehr vordergründige Analyse hätten US-Verantwortliche kaum zeigen können, dass sie von dem diffizilen Beziehungsgeflecht in Somalia wenig verstanden. Denn Farrah Aidid war zwar ein wenig sympathischer und starrköpfiger Mann, der unter starken Stimmungsschwankungen litt und über den das – glaubhafte – Gerücht in Umlauf war, er sei tablettenabhängig. Verrückt war er aber ganz bestimmt nicht.

Der ehemalige General hatte mit seinen Milizen militärisch den Sieg über die Truppen von Siad Barre errungen. Während er die nach Süden flüchtenden Regierungssoldaten und den gestürzten Präsidenten verfolgte, etablierte sich in der Hauptstadt der Geschäftsmann Ali Mahdi und rief sich ohne Absprache mit Farrah Aidid selbst zum Präsidenten aus – ein unmissverständlicher Versuch, den ehemaligen Verbündeten zu entmachten. Dass der sich das nicht gefallen lassen würde, war wenig überraschend.

Bei den erbitterten Kämpfen, die wenig später in Mogadischu entbrannten, konnte Farrah Aidid jenen Teil der Stadt erobern, in dem Hafen und Flughafen lagen. Das war lohnend, ließ sich darüber doch ein großer Teil des Handels und die Abwicklung von Hilfslieferungen kontrollieren. Es ist nur folgerichtig, dass der Kriegsfürst von schwerreichen Geschäftsleuten unterstützt wurde. Mit der Ankunft der internationalen Truppen verlor er jedoch die Herrschaft über diese beiden Einrichtungen, was für ihn zugleich eine Schwächung im Machtkampf mit Ali Mahdi bedeutete. Warum hätte er das militärische Engagement des Auslands begrüßen sollen?

Ohne die – unfreiwillige – Hilfe der USA hätte Farrah Aidid vermutlich bald jeden Einfluss verloren. Die Zahl seiner Anhänger schwand, auch in seinen eigenen Reihen mehrten sich die Stimmen derer, die es für klüger hielten, sich mit den ausländischen Invasoren zu einigen, statt sie zu bekämpfen. Da begingen US-Verantwortliche folgenschwere Fehler: Sie ließen Farrah Aidid steckbrieflich suchen und griffen mehrfach Gebäude an, in denen sie ihn selbst oder seine Anhänger vermuteten. Das zwang die meisten jener, die schon bereit gewesen waren, sich von ihm loszusagen, in die Loyalität zurück.

Der Kriegsfürst wurde buchstäblich an die Macht zurückgebombt. Ein Einzelfall? Manche Nachrichten aus dem Irak und auch aus Afghanistan lassen daran Zweifel aufkommen.

Natürlich kann heute nicht mit Sicherheit gesagt werden, ob ein internationales Konzept für Somalia funktioniert hätte, das nicht auf Waffengewalt, sondern auf den Aufbau der Infrastruktur gesetzt hätte und auch den Geldgebern der verschiedenen Milizenchefs angesichts des damit verbundenen wirtschaftlichen Aufschwungs attraktiv erschienen wäre. Was sich aber sagen lässt: Der Militäreinsatz hat sehr viel mehr geschadet als genutzt. Der Bürgerkrieg ist noch immer nicht zu Ende. Der Tod von Farrah Aidid 1996 hatte weder eine stabilisierende noch eine destabilisierende Wirkung. Islamisten gewinnen in Somalia – das auf eine lange Geschichte religiöser Toleranz zurückblickt – beständig an Einfluss, und es besteht der Verdacht, dass das Land inzwischen sogar internationalen Terroristen als Basis dient.

Über diese Entwicklung und deren Ursachen ist in deutschen Zeitungen so gut wie nichts zu lesen. Das Interesse an Somalia ist erloschen, und in der Tagesschau kommt das Land schon lange nicht mehr vor. Nun gibt es zwar durchaus viele Zeitungsartikel, TV-Dokumentationen und Hörfunkfeatures über außenpolitische Themen, die in den Fernsehnachrichten nicht erwähnt werden. Aber eine kontinuierliche Berichterstattung, deren Inhalt auch im Gedächtnis haften bleibt, findet im Regelfall über diese Themen nicht statt. Daher lassen sie sich sehr viel leichter ignorieren als Vorkommnisse, die Schlagzeilen machen.

Niemand hat zwingende Gründe dafür, Informationen über Ereignisse zu liefern oder zur Kenntnis zu nehmen, die nicht im Blickfeld des öffentlichen Interesses liegen. Weder die Korrespondenten noch die Heimatredaktionen noch die Rezipienten. Es ist kein Wunder, dass die Allgemeinheit von dramatisch zugespitzten Situationen in fernen Ländern so oft überrascht wird. Der Weg dorthin ist eben nicht beleuchtet worden.

Kein Redakteur bekommt Ärger, weil er eine Idee für eine originelle Reportage oder einen aufrüttelnden Bericht nicht gehabt hat, auf die auch sonst niemand gekommen ist. Aber es kann ziemlich große Probleme nach sich ziehen, wenn eine Meldung nicht in der

Zeitung steht, die alle anderen für wichtig gehalten haben. Dasselbe gilt analog für die Korrespondenten. Und das Publikum? Wer Nachrichten hört oder liest, will sich informieren – und als informiert gelten. Zusatzleistungen werden erfreut registriert. Die Grundversorgung mit Berichten über die Themen, die auch überall sonst vorkommen, wird jedoch als selbstverständlich vorausgesetzt.

Ist ein bildschirmgroßer Ausschnitt einer Weltregion erst einmal in den Mittelpunkt der heimischen Aufmerksamkeit gerückt, dann wird es nicht etwa leichter, sondern noch schwieriger, Interesse für andere Teile des Berichtsgebietes zu wecken. Die *taz* finanzierte eine aufwändige Recherchereise, bei der es um die Frage ging, weshalb die Nationenbildung im ehemaligen Tanganjika, dem Festland des heutigen Tansania, so viel besser funktioniert zu haben scheint als in anderen Vielvölkerstaaten des Kontinents. Es gibt dafür eine Reihe von Gründen, unter anderem gezielte Bemühungen um die Durchsetzung einer gemeinsamen, nicht kolonial belasteten Landessprache – Swahili – sowie eine kluge Politik der regelmäßigen Versetzung von Beamten in verschiedene Regionen.

Angesichts der Tatsache, dass viele gewaltsame Auseinandersetzungen in Afrika zumindest teilweise auf ethnische Konflikte – die in Deutschland gerne »Stammeskriege« genannt werden – zurückzuführen sind, wäre eigentlich zu erwarten gewesen, dass die Analyse eines positiven Gegenmodells gerade zu einer Zeit auf besonderes Interesse stoßen würde, in der es auf dem Kontinent an allen Ecken zu brennen schien. Davon konnte indes keine Rede sein. Weder gelang es der *taz*, die Reisekostenbeteiligung eines anderen Mediums zu erreichen, was in anderen Fällen durchaus üblich war, noch bin ich selbst auch nur einen einzigen weiteren Bericht über das Thema losgeworden. »Ach, wir hatten in letzter Zeit schon so viel über Afrika.«

Was ist eine Geschichte und was nicht? Worüber lohnt es sich zu berichten? Manchmal sitzt die Schere auch im eigenen Kopf. Bei meiner ersten Reise in den Süden des Sudan geriet ich in einen bewaffneten Hinterhalt. Das klingt dramatischer, als es war. Die fünf Männer, die uns mit Kalaschnikows in einem ausgetrockneten Flussbett hinter einer Wegbiegung aufgelauert hatten, waren an unseren Habseligkeiten interessiert, nicht daran, uns zu töten oder zu verletzen. Dennoch hatten alle Beteiligten, Räuber ebenso wie Beraubte, erkennbar große Angst – berechtigterweise, denn in solchen Fällen ist jede nervöse, spontane Reaktion gefährlich, und die Gegenseite konnte keineswegs sicher sein, dass wir unbewaffnet waren.

Zu heroischen Geschichten oder lustigen Anekdoten gerinnen solche Geschichten immer erst hinterher. In der Realität verlief der Überfall ziemlich unspektakulär. Vier UN-Mitarbeiter und ich standen mit erhobenen Händen neben dem Geländewagen, aus dem die Bewaffneten ausräumten, was sich zu Fuß wegtransportieren ließ. Nach wenigen Augenblicken war alles vorbei, und wir saßen wieder im Auto, unverletzt, aber seltsam gedemütigt. Den Rest der Fahrt in die Kleinstadt Torit verbrachten wir damit, uns gegenseitig zu erklären, weshalb wir uns nicht todesmutig zur Wehr gesetzt hatten, und einander zu versichern, wie umsichtig, klug und besonnen wir gehandelt hatten. Was Leute halt so sagen, wenn eine Gefahr vorbei ist.

Im Sudan herrschte damals, im April 1992, bereits seit vielen Jahren ein zermürbender Bürgerkrieg. Er »tobte« nicht, wie es eine griffige, standardisierte Formulierung im Zusammenhang mit gewaltsamen Auseinandersetzungen meist nahe legt, sondern er verlief träge und dennoch unaufhaltsam, mal die eine, mal die andere Seite militärisch begünstigend, ohne kurzfristige Aussicht auf eine endgültige, tragfähige Entscheidung. Kein Stoff für Schlagzeilen. Für die betroffene Zivilbevölkerung birgt ein derart ermüdender Konflikt, der kaum je fernsehtaugliche Bilder liefert, nicht weniger Schrecken als eine dramatische Schlacht oder ein aufsehenerregender Anschlag. Auch in einem Krieg, der die Weltöffentlichkeit langweilt, sterben Menschen.

Seit einigen Wochen ist die offenbar grauenvolle Situation in der westsudanesischen Region Darfur relativ unvermittelt zu einem Thema geworden, das immer mal wieder Platz im Mittelteil deutscher Nachrichtensendungen findet. Sollte dies dazu führen, dass wenigstens einige Menschenleben gerettet werden, dann wäre das einschränkungslos erfreulich. Ausschließen lässt sich allerdings nicht, dass mit der plötzlichen, unerwarteten Aufmerksamkeit für einen Konflikt, dessen Hintergründe übrigens etwas anders gelagert sind als im Süden des Sudan, weiterreichende politische Interessen verknüpft sind. Diese dürften sehr viel mehr mit der Haltung des Westens gegenüber dem islamistischen Regime in Khartoum als mit der Lage der Notleidenden in Darfur zu tun haben. Denn so furchtbar deren Lebensumstände derzeit auch sind: Die ihrer Landsleute in anderen Provinzen des Landes sind seit vielen Jahren nicht weniger schrecklich. Stießen jedoch bislang auf erheblich geringeres Interesse.

Zur quälenden Zermürbungstaktik im sudanesischen Bürgerkrieg passt, dass die tödliche, aber langsam wirkende Waffe des Hungers bereits 1992 von allen Parteien strategisch eingesetzt wurde. Bauern und ihre Familien mussten immer wieder vor Luftangriffen der sudanesischen Armee aus ihren Dörfern fliehen, sodass es ein außergewöhnlicher Glücksfall war, wenn jemand tatsächlich einmal das ernten konnte, was er einige Monate zuvor ausgesät hatte. Falls es überhaupt noch jemanden gab, der säte. Außerdem verlangten die Aufständischen von internationalen Organisationen einen bestimmten Anteil an Gütern, um damit ihre Bodentruppen zu ernähren. Sonst blieb eben die Zivilbevölkerung unversorgt.

Die ausländischen Helfer befanden sich somit in einem nicht lösbaren Konflikt, auch wenn sie sich damit natürlich nicht in einer

Zeitung zitieren lassen wollten: Wenn sie den Opfern des Krieges beizustehen wünschten, trugen sie zugleich dazu bei, den Krieg zu verlängern. Die Bedingungen, unter denen humanitäre Hilfe geleistet wird, sind stets sehr viel komplexer, als die spendenbereite Bevölkerung anderer Erdteile ahnt.

In der Sprache der Nachrichtenredaktionen kämpften im Sudan christliche und animistische Rebellen des afrikanischen Südens gegen ihre Unterdrückung durch die arabisch-islamistische Zentralregierung in Khartoum: eine Folge der willkürlichen Grenzziehungen der Kolonialherren. Sie hatten Völker in einen gemeinsamen Staat gezwungen, die historisch und kulturell nichts miteinander gemein hatten, eine Begründung, die auch für zahlreiche andere Kriege in Afrika als hinreichend erachtet wird. Dabei ist dieses grob gerasterte Etikett für die – bei genauerem Hinsehen sehr komplizierten – Konflikte zwar fast niemals gänzlich falsch, lässt aber so viele Gesichtspunkte außer Acht, dass es auch nicht richtig ist.

Interne Konflikte innerhalb der von der Guerilla dominierten Region müssen beispielsweise bei einer so knappen Darstellung zwangsläufig unberücksichtigt bleiben. Im südlichen Sudan reichen die Wurzeln mancher Machtkämpfe, bei denen es meist um lebenswichtige Ressourcen wie Wasser oder nutzbares Land geht, schon Jahrhunderte zurück. Der Überfall auf uns war denn auch nicht einfach ein krimineller Akt beutehungriger Banditen. Er hatte eine Vorgeschichte.

Die südsudanesische Rebellenbewegung SPLA (Sudan People's Liberation Army) wurde vom Volk der Dinka dominiert, zu dem auch Guerillachef John Garang gehört. Wiederholte Angriffe der sudanesischen Luftwaffe hatten zahlreiche Dinka aus ihren Heimatgebieten vertrieben. Die Flüchtlinge waren in die Gegend um Torit gekommen und wurden dort seit Monaten von der UNO mit Hilfsgütern versorgt. Die angestammten Bewohner des Gebietes

Arbeitsbedingungen

sind jedoch nicht die Dinka, sondern die Toposa. Sie bekamen nichts. Natürlich nicht – schließlich hatte sich an ihren Lebensbedingungen nichts verändert, und es gehört zu den festen Regeln der Nothilfe, dass niemand an Unterstützung gewöhnt werden soll, der sich selbst versorgen kann.

Ein vernünftiger Grundsatz. Allerdings nicht aus Sicht der Toposa. Sie fanden es keineswegs einleuchtend, dass ihre Erzrivalen, mit denen sie seit Menschengedenken im Streit lagen, nun auf ihrem eigenen Grund und Boden großzügig von der internationalen Gemeinschaft alimentiert wurden, während sie selbst leer ausgingen. Ein ebenfalls nachvollziehbarer Standpunkt. Zwei in sich schlüssige, unvereinbare Positionen standen einander also unversöhnlich gegenüber. Nachdem alle Versuche gescheitert waren, die andere Seite von der eigenen Ansicht friedlich zu überzeugen, gingen die Toposa dazu über, sich mit Gewalt einen Teil dessen zu holen, was ihnen ihrer Meinung nach zustand. In diesem Fall waren das eben unsere Reisetaschen.

Die UNO hatte Gegenmaßnahmen ergriffen. Bevor wir den Straßenabschnitt erreichten, der als gefährlich galt, hielten wir in einem kleinen Dorf an. Der französische Fahrer stieg aus, sprach kurz mit einigen Leuten und kehrte dann mit einem älteren Mann zum Wagen zurück, der auf den Rücksitz kletterte. Das sei ein »Elder«, also eine geachtete Respektsperson der Toposa. »Wir nehmen jetzt immer einen Elder mit, wenn wir hier unterwegs sind. Falls wir überfallen werden, kann der dann mit den Banditen reden.« Und sie – so die Hoffnung – von ihrem verwerflichen Tun abbringen.

Gute Idee. Leider ergriff der vermeintliche Elder sofort die Flucht, als die Räuber sich uns näherten und ward nicht mehr gesehen. Vermutlich handelte es sich gar nicht um einen Toposa-Ältesten, sondern um jemanden, der einfach eine Mitfahrgelegenheit gesucht und gefunden hatte.

Dafür spricht auch nach den Gesetzen der Logik einiges, wie die UN-Mitarbeiter einräumten, nachdem der Plan gescheitert war. Autoritäten, noch dazu allseits geachtete, kann es immer und überall nur in begrenzter Zahl geben – sonst wären es schließlich keine. Angesichts der großen Probleme ihres Volkes und der aufgeheizten Stimmung dürften die wenigen Toposa-Ältesten anderes zu tun gehabt haben, als jedes einzelne Fahrzeug einer internationalen Organisation zu begleiten. Zumal ihnen das nichts einbrachte, auf die Dauer aber gerade deshalb ihre Stellung in ihrer eigenen Gesellschaft zu untergraben drohte.

Aus der Entfernung lässt sich über eine solche Fehleinschätzung leicht spotten. Vor Ort ist sie oft unvermeidlich. Wer ist wie mächtig innerhalb einer Gesellschaft – und warum? Für Außenstehende, die etwas erreichen wollen, ist eine zuverlässige Antwort auf diese Frage von zentraler Bedeutung. Aber gerade deshalb werden sie in diesem Zusammenhang auch besonders oft zur leichten Beute für geschickte Täuschungsmanöver, übrigens nicht nur im Sudan.

Häufig gibt es keine formalisierten Mechanismen wie etwa Wahl oder Erbfolge, die darüber entscheiden, wer ein Ältester ist und wer nicht. Diejenigen, die dazugehören, kennen die Rangordnung auch so. Und wollen sie vielleicht gerade in Krisenzeiten nicht länger akzeptieren. Es ist kein Zufall, dass Männer, die früher pauschal als »Älteste« bezeichnet wurden, seit einiger Zeit »informelle Führer« genannt werden.

Wer verfügte in Deutschland über ein so unumstrittenes Ansehen, dass er oder sie der großen Mehrheit der Bevölkerung während oder nach einer dramatischen Zäsur als Verhandlungsführer akzeptabel erschiene? Joschka Fischer? Kardinal Lehmann? Jutta Limbach? Der Bundespräsident? Günther Jauch? Otto von Habsburg? Jürgen Habermas? In friedlichen Zeiten ist ein Streit darüber eine hübsche Abendunterhaltung. Nach einem Bürgerkrieg hätten afrikanische UN-Mitarbeiter es mit uns nicht leicht.

Arbeitsbedingungen

Mit dem Elder war es damals also nichts. Die UN-Verantwortlichen meinten deshalb, zur Aufrüstung gezwungen zu sein: Fahrten nur noch mit bewaffnetem Geleitschutz. Solche Entscheidungen scheinen mit Blick auf den jeweiligen Einzelfall fast niemals unvernünftig zu sein – leider sind die Folgen oft tragisch. Keine 24 Stunden später gab es bei einem Überfall auf einen Konvoi, der von Kapoeta nach Torit fuhr, den ersten Toten. Daraufhin wurde die einzige befahrbare Straße der Region erst einmal gesperrt. Die Toposa konnten das durchaus als politischen Erfolg verbuchen. Schließlich war somit auch der Nachschub für die Dinka fürs Erste unterbrochen.

Genugtuungen dieser Art waren im Südsudan nicht selten, allerdings stets kurzlebig. Irgendwann einigten sich die Beteiligten stets auf einen – der jeweiligen Situation wenigstens vorübergehend angemessen erscheinenden – Kompromiss. Wie dieser konkrete Konflikt ausgegangen ist, weiß ich nicht. Ich vermute, die Toposa haben mehr oder minder stillschweigend irgendwann eben doch einen gewissen Anteil der Hilfsgüter bekommen und dafür Ruhe gegeben.

Die Frage, ob ein solches Vorgehen akzeptabel ist oder nicht, eignet sich für politologische Hauptseminare der demokratischen Welt, und das ist nicht ironisch gemeint. Wenn es gelänge, für solche Situationen eine Lösung zu finden, die in moralischer Hinsicht universal gelten könnte und zugleich praktikabel wäre, dann hätte das für die Krisenherde der Welt weitreichende Konsequenzen. Helfer vor Ort sind damit jedoch überfordert.

Da die sudanesische Regierung in Khartoum gerade wieder einmal den Luftraum gesperrt hatte, saß ich tagelang in Torit fest, bis schließlich eine Pilotin wagte, vom benachbarten Kenia aus mit ihrem Kleinflugzeug trotz des Flugverbots auf der Buschpiste zu landen. Sie brachte der UNO einige dringend benötigte Versorgungsgüter und nahm mich auf dem Rückflug mit. Für die ältere

Dame war das übrigens eine Routineangelegenheit. Seit Jahrzehnten lebte die Europäerin in Afrika, und sie kannte den Sudan besser als ich meine Geburtsstadt. Sie hörte den Funkverkehr der Luftwaffe ab, tauchte vorübergehend unter die Radarschwelle ab, lächelte beruhigend und erzählte hingebungsvoll von ihrem Enkel. Kurz vor der Landung in Nairobi griff sie nach einem Handspiegel, um sorgfältig die Lippen nachzuziehen.

Vielleicht ist es das, was mir im Zusammenhang mit der Krisenberichterstattung stets am meisten Spaß gemacht hat: die Begegnung mit Menschen, die ein – nach herkömmlichen Maßstäben – ungewöhnliches Leben führten, viele ihrer Vorstellungen und Wünsche verwirklicht hatten und sich sehr wenig für gesellschaftliche Normen und Zwänge interessierten. Spaß? Ja, natürlich Spaß. Dass die Berichterstattung aus Krisengebieten oft bedrückend ist und manchmal gefährlich, ist eine Selbstverständlichkeit. Wenn diese sehr spezifische Form des Journalismus nicht auch Spaß machte, dann würde sie niemand ausüben wollen.

Der unfreiwillig verlängerte Aufenthalt in Torit war weder bedrückend noch gefährlich, und er machte auch keinen Spaß. Zunächst fand ich ihn einfach lästig, und wenige Tage später hielt ich ihn für einen unerwarteten Glücksfall. Plötzlich kam nämlich Guerillaführer John Garang nach Torit und fand sich zu einem Interview bereit. Ich habe Jahre gebraucht, um zu begreifen, dass von einem überraschenden Glücksfall keine Rede sein konnte.

Für Garang war es außerordentlich peinlich, dass ein – angeblich – von seiner Bewegung kontrolliertes Gebiet durch rivalisierende Toposa unsicher genug gemacht worden war, um die UNO an ihren Aktivitäten zu hindern. Das Letzte, was er wünschte, waren entsprechende Presseberichte im Ausland. In diesem Zusammenhang spielte es für ihn keine Rolle, dass ich nur für eine kleine Zeitung arbeitete und dass Deutschland keine Aktien in diesem Krieg hatte. Gute Öffentlichkeitsarbeit erlaubt keine offenen Flanken. Der Rebellenchef musste also ein vitales Interesse daran haben, mir seine Sicht der Dinge zu erläutern.

John Garang erzählte entspannt und fröhlich vom angeblichen Anlass seines Besuches in der Region: ein Fest mit den Ältesten der Toposa. Sehr schön sei dieses Fest gewesen. »Die Toposa wollten mich als Sohn adoptieren.« Das war ein bisschen allzu dick aufgetragen. In meiner Reportage ironisierte ich diese Behauptung ein wenig und gab meinen Leserinnen und Lesern einen Hinweis darauf, dass die beiden Ethnien miteinander seit langem im Streit lagen. Dabei beließ ich es dann aber auch.

Davon abgesehen schrieb ich über aktuelle militärische Entwicklungen und versäumte nicht, auf den Umstand hinzuweisen, dass der islamische Norden gegen den christlich-animistischen Süden kämpfte. Eine Folge der kolonialen Grenzziehungen, wie ich erwähnte. Das alles garnierte ich mit einigen szenischen Schilderungen von John Garang unter einer Schirmakazie, und natürlich stellte ich seine Äußerungen in den Mittelpunkt der Beschreibung. Schließlich hielt ich ja die Möglichkeit, mit ihm ein Interview führen zu können, für einen seltenen Glücksfall.

Nichts von dem, was ich damals geschrieben habe, ist sachlich falsch. Aber ich habe eine Gelegenheit ungenutzt gelassen, die sich so oft nicht bietet: nämlich die Chance, grundsätzliche Probleme humanitärer Hilfsoperationen und die Komplexität eines nur scheinbar übersichtlichen Konflikts anhand eines sehr konkreten Beispieles zu verdeutlichen. Warum bin ich nicht einmal auf die Idee gekommen, diesen Versuch zu unternehmen, und habe statt dessen einen so überaus konventionellen, braven Artikel abgeliefert? Weil ich die Regel tief verinnerlicht hatte, dass Personalisierung und größtmögliche Aktualität die besten Mittel sind, um die Öffentlichkeit für ein Thema zu interessieren.

Die Uniformität der Berichterstattung in vielen Medien lässt sich nicht ausschließlich auf äußere Zwänge und Einflüsse zurückführen. Auch die Denkfaulheit und Anpassungsbereitschaft von Journalistinnen und Journalisten haben daran wesentlichen Anteil. Wer ein bestimmtes Land oder eine Region gut kennt, findet Diskussionen mit Gesprächspartnern, die selbst niemals diese Gegend bereist haben, fast immer unbefriedigend. »Du kannst das nicht wissen, du warst ja nie da.« Schärfer als mit diesem Satz kann man die Unzulänglichkeiten der Auslandsberichterstattung nicht geißeln. Unberechtigt ist die Kritik nicht.

3

Motive und Risiken

Außenstehende finden oft schwer nachvollziehbar, was für die meisten Reporter und Reporterinnen in Krisengebieten selbstverständlicher Bestandteil ihres beruflichen Alltags ist: dass nämlich die Arbeit unter schwierigen Bedingungen und in oftmals schwer zugänglichen Regionen auch ein sportliches Element enthält. Nicht gerade in einer Situation, in der Elend oder Grausamkeit einem den Atem stocken lassen. Aber das ist selbst in einem Krieg nicht immer der Fall. Wenn es einem gelingt, als erste Journalistin einen Augenzeugenbericht aus einem Ort zu schicken, den bisher kein Kollege erreicht hatte, aber viele hatten erreichen wollen; wenn man ein Exklusivinterview mit einem Rebellenführer bekommen hat, der sich nur selten sprechen lässt; wenn man endlich herausbekommen hat, von wem eine bestimmte Bürgerkriegsfraktion unterstützt wird: Dann sind das Erfolgserlebnisse.

Die Faszination am Beruf hat viele verschiedene Aspekte. Journalisten wird häufig unterstellt, selbst Macht ausüben und durch die Berichterstattung unmittelbaren Einfluss auf das Geschehen nehmen zu wollen. Das ist ein schwieriges Thema. Natürlich gibt es Journalisten, die sich als verkappte Politikberater verstehen und die begeistert sind, wenn sie einer Bundestagsrede des Kanzlers oder der Oppositionsvorsitzenden entnehmen können, dass ihr jüngster Leitartikel zur Kenntnis genommen worden ist. Es gibt auch Fachredakteure, die – gelegentlich durchaus zu Recht – einen so guten Ruf genießen, dass ihr Urteil von den Akteuren nicht einfach ignoriert werden kann, und die darauf verständlicherweise stolz sind. Ob es nun um Energiepolitik oder um Fragen des Gesundheitssystems geht. Es mag auch Auslandskorrespondenten geben, die vom Keim des Glaubens an die eigene Bedeutung infiziert worden sind und die sich einbilden, die Entscheidungsträger hätten auf ihr Urteil nur gewartet. Berichterstatter aus Afrika scheinen mir allerdings vor derlei Versuchungen relativ sicher gefeit zu sein. Im Unterschied zu ihren Kollegen in Washington oder auch in London, Moskau und Paris befinden sie sich nicht in unmittelbarer Nähe von Schalthebeln der Macht. Das zwingt zur Bescheidenheit.

Außerdem ist es ziemlich ernüchternd, sich als deutsche Journalistin zeitgleich mit japanischen, britischen, indischen, südafrikanischen und US-amerikanischen Korrespondenten um Informationen zu bemühen. Zum einen wird einem schnell bewusst, dass Deutschland so groß und mächtig vielleicht doch nicht ist. Wenn man nicht aus irgendeinem Grund über besondere Kontakte verfügt, dann steht man in der Schlange relativ weit hinten. Zum anderen wird einem in einer internationalen Pressekonferenz erst so richtig vor Augen geführt, wie klein das Mosaiksteinchen ist, das man selbst zum Gesamtbild beiträgt.

Ich habe die Militäroperation in Somalia von Anfang an für falsch gehalten, weil ich nicht der Meinung war, dass die angestrebten Ziele sich auf gewaltsamem Wege erreichen lassen würden. Die meisten meiner Kollegen aus aller Welt waren anderer Ansicht. Es hätte eines schon pathologischen Selbstbewusstseins bedurft, hätte ich geglaubt, dass die Minderheitenposition, die ich in einer auflagenschwachen deutschen Zeitung vertrat, den Kurs der Weltgeschichte hätte beeinflussen können. Die so genannte Macht der Medien schrumpft in den allermeisten Fällen beträchtlich, wenn sie von einer globalen Gesamtbetrachtung auf den jeweiligen Einzelfall hin analysiert wird.

Motive und Risiken

Dafür aber lernen viele Reporterinnen und Reporter in Krisengebieten ein Gefühl kennen, das zumindest ich während meiner vorherigen Tätigkeit als Redakteurin in einer Hörfunkanstalt nie empfunden hatte: dass es nämlich nicht nur für die Medien insgesamt, sondern gelegentlich auch in einem ganz individuellen Sinne eine ethische Verpflichtung zur Berichterstattung geben kann. Weil die Chronistenpflicht es gebietet und weil die Betroffenen einen Anspruch darauf haben, dass ihr Schicksal wenigstens zur Kenntnis genommen wird.

Durch einen albernen Zufall war ich die einzige Journalistin in Nairobi, die Anfang 1991 nach dem Ausbruch der Kämpfe in Mogadischu noch ein Visum des – wenige Wochen später gestürzten – Regimes von Siad Barre bekam. Ein paar Monate vorher war ich mit dem für Visa zuständigen somalischen Botschaftsangestellten beim Aussteigen aus einem Lift heftig und schmerzhaft zusammengeprallt, und aus irgendeinem Grund waren wir an diesem Tag beide gut gelaunt und höflich gestimmt, beschimpften einander also nicht, sondern erkundigten uns mitfühlend nach dem wechselseitigen Befinden. Danach liefen wir uns noch ein paar Mal über den Weg und tauschten jedes Mal einige Freundlichkeiten aus. Wir waren einander gewogen.

In den meisten Ländern Afrikas spielen persönliche Beziehungen selbst im Zusammenhang mit administrativen Vorgängen eine erheblich größere Rolle, als man sich das in Mitteleuropa gemeinhin vorzustellen vermag. Es gibt dafür historische, kulturelle und auch wirtschaftliche Gründe. Wer auf staatlich garantierte Rechtssicherheit nicht bauen kann, tut gut daran, sich ein möglichst großes Netz von Leuten aufzubauen, die einem im Notfall zur Seite stehen – und wer gelernt hat, ein solches Verhalten als selbstverständlich zu betrachten, handelt selbst dann entsprechend, wenn beim besten Willen keine Situation denkbar ist, in der das Gegenüber einem konkret behilflich sein könnte. Für Journalisten ist das manchmal paradiesisch: Ein »Nein« ist fast nie endgültig. Manchmal ist die gängige Praxis allerdings auch weniger beglückend. Ein »Ja« ist nämlich ebenfalls fast nie endgültig.

Jedenfalls zog mich mein Ansprechpartner in der somalischen Botschaft beiseite, als ich mich gemeinsam mit zahlreichen anderen Kollegen um ein Visum bemühte. »Ihnen gebe ich eines, aber nur Ihnen«, sagte er. Nichts gegen eine gute Exklusivgeschichte – aber so exklusiv musste sie dann auch wieder nicht sein, dass ich gerne mutterseelenallein in eine umkämpfte Stadt fliegen wollte. Ich beschwor ihn, wenigstens noch ein oder zwei weitere Einreisegenehmigungen auszustellen, aber er zuckte nur die Achseln. »Es zwingt Sie ja keiner, nach Mogadischu zu reisen.«

Am Flughafen schöpfte ich Mut. Drei andere Korrespondenten wollten ihr Glück ohne gültige Dokumente probieren, und so schlecht standen ihre Chancen angesichts der in Somalia weit verbreiteten Korruption nicht. So gingen wir zu viert an Bord der bis heute letzten Maschine der staatlichen Luftfahrtgesellschaft »Somali Airlines«, die Mogadischu noch anflog.

Es war eine seltsame Reise. Außer uns befanden sich nur etwa 20 Somalis an Bord, die sich zufällig im Ausland aufgehalten hatten, als die Gefechte begannen, und die jetzt aus Sorge um ihre in der Hauptstadt verbliebenen Familien zurückkehrten, außerdem ein weißer Mann, den wir alle nicht kannten und mit dem wir uns auch nicht unterhielten. Die Stewardessen hatten so wenig zu tun, dass sie sich während des etwa dreistündigen Fluges auf den Mittelreihen ausstreckten und schliefen. In anderer Hinsicht wurde die ansonsten übliche Routine allerdings konsequent beachtet: »Wir hoffen, dass Ihnen dieser Flug gefallen hat und dass wir Sie bald wieder an Bord von ›Somali Airlines‹ begrüßen dürfen. Wir wünschen Ihnen einen schönen Aufenthalt in Mogadischu.« Eine durchaus korrekte, aber angesichts der Umstände doch etwas merkwürdige Abschiedsfloskel nach der Landung.

Motive und Risiken

Bei der Passkontrolle schien zunächst alles wunschgemäß zu verlaufen. Die Grenzer stellten fest, dass meine Kollegen nicht über gültige Visa verfügten, lächelten süffisant, fragten sich und uns, was man denn da wohl machen könne, und baten um etwas Geduld. Die hatten wir und außerdem begründete Hoffnung.

Dann wurde der Ton jedoch plötzlich sehr barsch, und alles ging schnell: Irgendjemandem war aufgefallen, dass der französische Korrespondent in unserer Mitte erst einige Wochen zuvor eine viel beachtete Reportage darüber veröffentlicht hatte, wie er gemeinsam mit den Rebellen gereist und bis in die unmittelbare Umgebung von Mogadischu vorgestoßen war. Die somalischen Diplomaten, die in den jeweiligen Botschaften die ausländische Berichterstattung verfolgten, haben offenbar bis zum Ende pflichtgetreu und effizient gearbeitet und ihre Informationen weitergeleitet.

Auch die Bestechlichkeit von Beamten hat Grenzen. Dieser Reporter würde das Land nicht betreten, solange sie es verhindern konnten, und wenn ihre Entscheidung unangreifbar sein sollte, dann mussten sie ein objektives Kriterium dafür finden. Was hätte sich dafür besser geeignet als fehlende Visa? Innerhalb weniger Minuten – oder waren es Sekunden? – befanden wir uns alle wieder auf dem Rollfeld, von Bewaffneten eskortiert, die uns zurück zur Maschine geleiteten. Die sollte laut Flugplan nach Djibouti weiterfliegen, ihrer Endstation. Dort stand sie übrigens dann meines Wissens jahrelang, und ich glaube, sie steht dort noch heute.

Während wir über das Rollfeld liefen, rief ich spontan und mehr aus dem Wunsch heraus, irgend etwas zu tun, als in dem Glauben, die Situation ändern zu können: »Aber ich habe doch ein Visum!« Wider Erwarten hielten unsere Begleiter inne. Zögern, kurze Beratung, dann die klare Mitteilung: »Sie können bleiben. Aber Ihre Kollegen müssen das Land verlassen.«

Es war eine schwierige Situation. Die Lage am Flughafen war noch ruhig, aber aus einiger Entfernung waren deutlich die Geräusche von Gefechten mit schwerer Artillerie aus dem Stadtzentrum zu hören. Ich verfügte damals noch über sehr wenig Erfahrung mit der Berichterstattung aus einem Krisengebiet, und ich hatte keine Ahnung, wohin ich mich eigentlich wenden würde, wenn ich die Grenzkontrollen erst einmal passiert hatte. Während ich noch darüber nachdachte, was ich tun sollte, entfernten sich meine Kollegen immer weiter von mir.

Ich glaube, dass ich mich einige Jahre später dafür entschieden hätte, ebenfalls nach Djibouti weiterzureisen. Das Risiko, das damit verbunden war, unter solchen Umständen auf eigene Faust in Mogadischu zu bleiben, war eigentlich unvertretbar hoch. Allerdings – und das habe ich nicht nur selbst erfahren, sondern mehrfach auch an anderen beobachtet – fühlen sich viele Journalisten seltsam unverwundbar, wenn sie zum ersten, zweiten oder auch dritten Mal in ein Kampfgebiet reisen. Möglicherweise hängt das damit zusammen, dass einem eine derartige Situation noch als so unwirklich erscheint, dass man sich schlicht weigert, die Realität zur Kenntnis zu nehmen.

Die meisten Korrespondenten werden umso vorsichtiger, je mehr sie an Routine gewinnen. Im Rückblick halte ich den Entschluss, mich damals nicht den Kollegen angeschlossen zu haben, für leichtsinnig. Aber eines der Motive, die mich damals leiteten, finde ich auch heute noch ehrenwert, und ich weiß aus Gesprächen mit anderen Korrespondenten, dass viele diese oder eine ähnliche Erfahrung irgendwann einmal gemacht haben: Ich war der Meinung, dass ich der Verantwortung, die mein in vieler Hinsicht privilegierter Beruf mit sich bringt, nicht gerecht würde, wenn ich mich einer Situation entzöge, in der es außer mir niemanden gab, der darüber berichten konnte.

Es ist nicht immer Sensationsgier, die einen veranlasst, dramatische Entwicklungen schildern zu wollen. Es kann auch eine Form des Respekts denen gegenüber sein, die von diesen Entwicklungen

Motive und Risiken

unmittelbar betroffen sind. Mehrere Jahre später haben die Mitglieder einer Frauengruppe in einer somalischen Kleinstadt mich in dieser Sicht der Dinge auf eine Weise bestärkt, die mich sehr berührt hat. Sie schenkten mir ein handgefertigtes, kunstvoll verziertes hölzernes Gefäß – als Dank dafür, dass ich »der Welt von ihrem Schicksal berichtete«. Zunächst war mir das ziemlich peinlich. Ich fühlte mich wie eine Betrügerin, weil ich den Eindruck hatte, dass diese Frauen meine Möglichkeiten bei weitem überschätzten.

Als ich darauf hinwies, dass von »der Welt« keine Rede sein konnte und meine Reportage an ihrer Lage überhaupt nichts ändern werde, antwortete eine ältere Frau, das spiele überhaupt keine Rolle. Das Geschenk sei gewissermaßen stellvertretend für alle Journalisten gedacht, die dafür sorgten, dass das Leid der somalischen Bevölkerung nicht in Vergessenheit geriete. Wie diese Frauen wohl heute über unseren Berufsstand denken, nachdem sich seit vielen Jahren kaum noch jemand für Somalia interessiert?

Am Flughafen in Mogadischu habe ich dann übrigens seinerzeit großes Glück gehabt. Der weiße Mann, der ebenfalls an Bord gewesen war, erwies sich als der italienische Botschafter in Somalia und als außergewöhnlich hilfsbereit. Ich durfte mich ihm anschließen, hatte also die Möglichkeit, relativ sicher in einem gepanzerten Fahrzeug die Botschaft zu erreichen und konnte dort dann sogar mit einigen Leuten – »Quellen« – telefonieren, die ich von früheren Besuchen in Mogadischu her kannte. Außerdem gab es zu diesem Zeitpunkt vermutlich keinen anderen Ort in der somalischen Hauptstadt, in dem der Informationsstand besser war als in der Botschaft der ehemaligen Kolonialmacht. Einige Tage später habe ich das Land dann auch mit Hilfe der italienischen Botschaft an Bord eines der Evakuierungsflüge für Ausländer wieder verlassen.

Die Frage, welches Risiko im Rahmen einer Recherche noch vertretbar ist und wo die Verantwortungslosigkeit beginnt, muss ständig neu gestellt und beantwortet werden. Der mitfühlende Ton, in dem Fernsehmoderatoren die Berichterstatter aus Krisenregionen regelmäßig erst einmal nach ihrer eigenen Befindlichkeit fragen, ist in den allermeisten Fällen der Situation überhaupt nicht angemessen und nährt lediglich das Klischee vom stets aufopferungswilligen Reporter, der für das hohe Gut der Informationsfreiheit sein Leben hinzugeben bereit ist. Das ist Unfug.

Alle Journalisten und alle Redaktionen stimmen in dem Grundsatz überein, dass keine Geschichte es wert ist, dafür zu sterben. Das Problem besteht darin, dass man eben nicht immer vorher weiß, bei welcher das passieren könnte – auch dann nicht, wenn man sich so vorsichtig wie möglich verhält. Seit einigen Jahren wird es zunehmend schwieriger, mögliche Gefahren abzuschätzen. Dafür gibt es politische Gründe.

Am 21. Oktober 2003 wurde der französische Afrika-Korrespondent Jean Hélène in der Elfenbeinküste getötet. Der 48-Jährige saß in seinem Auto vor einer Polizeistation der Hauptstadt Abidjan und wartete auf die Freilassung einiger inhaftierter Oppositioneller, die er interviewen wollte. Augenzeugen zufolge trat ein Polizist an den Wagen, wechselte einige Worte mit ihm, wandte sich ab, kehrte dann zurück und schoss ihn in den Kopf.

Schon in den frühen neunziger Jahren war er von Nairobi aus in afrikanischen Krisengebieten unterwegs. Wir hatten uns also immer mal wieder an verschiedenen Schauplätzen getroffen, und ich weiß, dass er ein erfahrener Kollege war. Kein Draufgänger, sondern ein seriöser Reporter. Die Umstände seines Todes sprechen nicht dafür, dass er am Schluss dann doch einmal leichtsinnig gewesen ist. Man muss als ausländischer Berichterstatter nicht damit rechnen, von einem Polizisten gezielt erschossen zu werden. Noch dazu vor den Augen zahlreicher Zeugen.

Oder muss man das inzwischen? Alle autoritären Regime bekämpfen die Pressefreiheit. In ihren eigenen Ländern sind schon viele Journalisten umgebracht worden, und auch ausländische Reporter wurden immer wieder Opfer von Gewalt – bereits die Liste der in Vietnam und Kambodscha verschollenen oder ermordeten Korrespondenten ist lang. Seit den sechziger Jahren des vergangenen Jahrhunderts hat sich die Situation eher verschlechtert als verbessert. Nach Angaben der Organisation »Reporter ohne Grenzen« wurden allein 2003 42 Journalisten getötet. Normales Berufsrisiko?

Selbstverständlich sterben Kriegsberichterstatter häufiger in Ausübung ihres Berufes als Feuilletonredakteure. Reporterinnen und Reporter in Krisengebieten gehen, selbst bei größtmöglicher Vorsicht, seit eh und je ein doppeltes Risiko ein. Sie können ein zufälliges Opfer militärischer Auseinandersetzungen werden, und es kommt immer wieder vor, dass eine Kriegspartei meint, unliebsame Nachrichten nur durch die Ermordung der potentiellen Überbringer unterdrücken zu können. Das ist traurig, aber nicht neu.

Alarmierend ist jedoch, dass seit einiger Zeit zahlreiche Gruppierungen und Kriegsparteien den Tod oder auch nur die Demütigung von Journalisten als für sich genommen wünschenswert zu erachten scheinen. Übergriffe auf Medienvertreter sind also nicht mehr lediglich Mittel zu einem wie immer gearteten anderen Zweck. Die Videoaufnahme des US-Reporters Daniel Pearl, der 2002 in Pakistan verschleppt und später von seinen Entführern exekutiert wurde, ist dafür ein besonders dramatisches Beispiel.

Der Mörder von Jean Hélène wurde zwar festgenommen und später auch zu einer Haftstrafe verurteilt. Ungeachtet dessen ließen regierungstreue Zeitungen in der Elfenbeinküste durchblicken, der Korrespondent sei an seinem Schicksal selber schuld. Die französische Presse habe über Gräueltaten der Rebellenbewegung nur unzureichend berichtet und nehme insgesamt keine neutrale Position ein.

Jean Hélène, ein sorgfältig recherchierender, skrupulöser und kenntnisreicher Berichterstatter, ist also – auch – das Opfer einer

Entwicklung geworden, die darauf hinausläuft, dass Medien zunehmend nicht mehr die Rolle außenstehender, unparteiischer Beobachter zugebilligt wird, sondern sie selbst als Konfliktpartei betrachtet werden. Kollektiv, ohne Ansehen der jeweiligen Person und ohne Rücksicht darauf, ob der oder die Einzelne die Regeln seriöser, unabhängiger Berichterstattung beachtet oder nicht.

Unabhängigkeit ist in vielen Fällen ja auch gar nicht erwünscht. Stattdessen setzt sich ein Denken in Freund-Feind-Kategorien durch: Wer nicht für uns ist, ist gegen uns. Diese Haltung nehmen immer häufiger auch Vertreter von Staaten ein, in denen die Existenz einer freien Presse als hohes Gut betrachtet wird und die im Namen der bürgerlichen Freiheitsrechte sogar Kriege führen. US-Offiziere haben Journalisten, die nicht »embedded«, also in militärische Strukturen »eingebettet« waren, während des Irak-Krieges mehrfach behindert oder eingeschüchtert. Das ist nicht dasselbe wie die Ermordung eines Reporters, und der Unterschied ist bedeutsam. Aber auch ein solches Verhalten bedroht das Grundrecht der Meinungsfreiheit.

4

Eingebettet

Termez, Usbekistan. Weiße Zelte mit jeweils zwölf Feldbetten zum Schlafen, Holzbänke zum Sitzen, Container zum Duschen. Wasser und Früchtetee gibt es umsonst, Bockwürste können gekauft werden. Alkohol ist verboten. Kaum jemand im abgeriegelten Transitbereich des Flughafens, den die usbekischen Behörden der Bundeswehr zur Verfügung gestellt haben, verfügt über ein Visum für die ehemalige Sowjetrepublik. Die Frage, ob man das Gelände verlassen möchte, stellte sich also nicht einmal dann, wenn es problemlose Transportmöglichkeiten in die Stadt hinein gäbe. Aber die gibt es ohnehin nicht.

Zweckmäßiger lässt sich eine Übernachtungsmöglichkeit für einige Hundert Leute kaum gestalten, die möglichst reibungslos von einem Ort zum anderen gebracht werden sollen. Unwirtlicher auch nicht. Es scheint fast, als solle mit einem Ausrufezeichen das betont werden, was ohnehin alle wissen: Man ist nicht zum Vergnügen hier. Und: Wir sitzen alle im selben Boot.

In Termez starten und landen die Transall-Maschinen nach und von Kabul und Kunduz, den Einsatzorten der deutschen Streitkräfte in Afghanistan. Während die US-Luftwaffe im Rahmen der Operation »Enduring Freedom« weiterhin Jagd auf Terroristen und Taliban macht, bemühen sich die Bundeswehr und andere Nato-Verbündete im Rahmen eines UN-Mandats um eine Stabilisierung der Verhältnisse. Ob diese Strategie funktionieren kann, vermag zu diesem Zeitpunkt, im Februar 2004, noch niemand der Beteiligten zu sagen. Die gleichzeitige Präsenz von Kampfverbänden und Friedenstruppen in einem Land scheint seltsam widersprüchlich zu sein, und sie erscheint nicht nur so: Sie ist es auch.

Der lokale Machthaber im nordafghanischen Kunduz hat im Augenblick keine Einwände gegen die Präsenz der Bundeswehr in seiner Region, im Gegenteil. Es kann seinen politischen Ambitionen nur dienlich sein, dass er ein anerkannter Gesprächspartner des westlichen Auslands ist. Und wenn sein Ehrgeiz nicht befriedigt wird? Oder er aus anderen Gründen ausländische Beobachter irgendwann als störend empfinden sollte? Dann wären die Truppen, die loyal zu ihm stehen, den deutschen Streitkräften deutlich überlegen. Seine Einheiten verfügen über Panzer, die deutschen Soldaten hingegen nicht über panzerbrechende Waffen. So einfach kann Weltpolitik sein.

Und so kompliziert. Denn falls die Bundeswehr tatsächlich einmal gezwungen wäre, aus Kunduz zu fliehen – anders ließe sich das wohl kaum bezeichnen –, dann bekäme es der Regionalfürst vermutlich anschließend mit der US-Luftwaffe zu tun. Die klare Abgrenzung zwischen den verschiedenen Mandaten besteht nur auf dem Papier.

Die meisten derjenigen, die in Termez einen kurzen Zwischenstopp einlegen müssen, haben allerdings andere Sorgen als abstrakte politische Fragen. Es sind Soldaten und – überraschend viele – Soldatinnen, manche auf dem Weg in den lang ersehnten Heimaturlaub, andere voll gespannter Erwartung, was sie an ihrem Zielort wohl erwarten mag. Wieder andere sind Routiniers, die diesen Weg schon mehrfach zurückgelegt haben. Zwischen all den Uniformierten fallen einige Zivilisten auf. Es handelt sich um Polizisten, die mit der Ausbildung afghanischer Kollegen beauftragt sind und auch um Journalistinnen und Journalisten. Ihnen bietet die Bundeswehr von Köln aus ebenfalls eine kostenlose Mitfluggelegenheit.

Das ist keine freundliche Geste einigen kommerziellen Unternehmen gegenüber, sondern Teil der Pflicht zur Transparenz, der staatliche Einrichtungen in der Bundesrepublik unterliegen. Öffentliche Institutionen, auch Ministerien, sind zur umfassenden Information verpflichtet. Dass sie Anfragen gelegentlich nur zögerlich beantworten oder Auskünfte auch mal ganz verweigern und dabei auf übergeordnete Interessen, gerne Sicherheitsbelange, verweisen: Das ist manchmal berechtigt und oft der Unterschied zwischen Verfassung und Verfassungswirklichkeit. Der Transport von Journalisten an Einsatzorte der deutschen Streitkräfte ist hingegen normale Routine im Rahmen der Presse- und Öffentlichkeitsarbeit des Verteidigungsministeriums.

Reporter, die diese Möglichkeit des Mitfluges nutzen, kann man als »embedded« bezeichnen, also als »eingebettet« in die Strukturen der Bundeswehr – obwohl dieser Ausdruck unangemessen gemütlich klingt und außerdem bislang ausschließlich in Zusammenhang mit den US-Truppen im Irak benutzt wird. Wer meint, das eine ließe sich mit dem anderen nicht vergleichen, weil die deutschen Streitkräfte in Kunduz schließlich keinen Krieg führten, sondern unter einem internationalen Mandat operierten, lässt strukturelle Gemeinsamkeiten der beiden Formen journalistischer Anbindung an Streitkräfte unberücksichtigt. Der Unterschied ist ein gradueller, kein substantieller.

Zwar tragen die deutschen Reporter keine Kampfanzüge, und sie übernachten in Afghanistan nicht im Camp, sondern in kleinen Gasthäusern oder Hotels. Aber viele nutzen alle Vorteile und Möglichkeiten, die ihnen die Bundeswehr bietet. Auch über den reinen Transport hinaus. Als ich im Februar 2004 nach Kunduz reiste, wusste ich, dass die Verantwortlichen sich für meine Sicherheit ebenso verantwortlich fühlten wie für die der Armeeangehörigen. Das fand ich beruhigend.

Darüber hinaus war ich sehr froh darüber, dass Presseoffiziere einen Kollegen und mich im Geländewagen herumfuhren, uns einige Hilfsprojekte und etwas von der ländlichen Umgebung zeigten sowie Kontakte zu Interviewpartnern herstellten. Es war eine sehr praktische Methode der Recherche. Auf mich allein gestellt, hätte ich in dem archaisch anmutenden Ort mit erheblichen organisatorischen Problemen zu kämpfen gehabt. Die unvermeidliche Folge dessen war jedoch, dass der Ausschnitt, den ich von der afghanischen Wirklichkeit zu sehen bekam, sehr weitgehend mit dem Ausschnitt übereinstimmte, den die deutschen Streitkräfte für relevant hielten. Offiziere erklärten mir, wie ihrer Ansicht nach die lokale Bevölkerung die Situation sah. Diese Einschätzungen mögen richtig oder falsch gewesen sein. Ich kann das nicht beurteilen.

Die Reise mit der Bundeswehr nach Afghanistan hatte mich in ein Krisengebiet geführt, von dem ich nicht mehr wusste als das, was ich vorher darüber gelesen hatte. Ich kannte die – lange zurückliegenden – Vorkriegsverhältnisse nicht aus eigener Anschauung, ich wusste nicht, ob ich Signale jeweils richtig oder falsch deutete. Im afghanischen Kunduz befand ich mich also in derselben Situation wie seinerzeit die aus Deutschland angereisten Reporterinnen und Reporter im somalischen Belet Huen.

Die Bilder, die ich zu sehen bekam, waren fremdartig und warfen Fragen auf, die sich schwer beantworten ließen. So trugen alle Frauen leuchtend weiße oder blaue Burkas, jene traditionellen Ganzkörperverhüllungen, die einen Blick auf die Welt nur durch ein Gitter aus Wollfäden zulassen. Nach der Vertreibung der Taliban aus Kabul waren Aufnahmen von Frauen, die sich nach Jahren islamistischer Herrschaft unverschleiert zeigten, im Westen zu einem der Symbole für die Befreiung der Bevölkerung von Diktatur und Terror geworden.

Was besagt es, wenn die Burka in Kunduz auch weiterhin das einzige sozial akzeptable Kleidungsstück für Frauen außerhalb der eigenen vier Wände zu sein scheint? Ist es lediglich ein weiteres Indiz dafür, dass die Provinz – überall und immer – konservativer

Eingebettet

ist als die Stadt? Beweist es, dass die repressiven Vorschriften der Taliban sich durchaus an traditionellen Benimmregeln orientierten? Oder ist es ein Hinweis darauf, dass man kein Risiko eingehen möchte, solange der endgültige Sieger in dem – militärischen, kulturellen und auch religiös motivierten – Kampf nicht feststeht?

Je mehr man mitbekommt, desto unbegreiflicher werden Widersprüche. Unter manchen Burkas ragen Stöckelschuhe mit Pfennigabsätzen hervor. Wo werden die hergestellt und wo gekauft? Und für wen sind die Billigimitate von Barbie-Puppen gedacht, die in kleinen Läden feilgeboten werden? Für kleine Mädchen, die einige Jahre später ihre erste Burka bekommen? Es gibt zahlreiche verschiedene Antworten auf diese Fragen. Das verwirrt – und lässt einen für jede Orientierungshilfe, die man bekommt, dankbar sein. In dem Fall also für die der deutschen Streitkräfte.

Verträgt sich meine Bereitschaft, solche angebotenen Arbeitserleichterungen gerne zu akzeptieren, mit den ethischen Regeln einer freien und unabhängigen Presse? Und ist es unter solchen Umständen möglich, den unverstellten Blick beizubehalten, den man Lesern und Leserinnen schuldet? Über diese Fragen ist anlässlich der »Einbettung« von Journalisten in US-Einheiten während des Irak-Krieges grundsätzlich diskutiert worden – allzu grundsätzlich, meiner Meinung nach. Die prinzipienfeste Position, dieses Konzept vollständig abzulehnen, lässt einige Gesichtspunkte außer Acht. Zum Beispiel den, dass fast alle Reporter, die regelmäßig aus Krisenregionen berichten, schon das ein oder andere Mal »eingebettet« waren. Nur dass dieser Vorgang eben früher nicht mit diesem Begriff bezeichnet worden ist.

Krisenregionen sind selten mit regulären Linienflügen erreichbar, und umkämpfte Gebiete können Journalisten lediglich in Ausnahmefällen auf eigene Faust erreichen. Sehr häufig sind sie gezwungen, sich unter den Schutz der einen oder der anderen Seite zu begeben, und dieser Schutz wird ihnen nicht uneigennützig gewährt.

Weite Teile Eritreas ließen sich während des Kampfes gegen die äthiopische Besatzungsmacht nur mit Genehmigung und in Begleitung der damaligen Rebellenbewegung EPLF bereisen. Es ist nicht erstaunlich, dass in vielen Reportagen aus dieser Zeit auf die überraschend gute Infrastruktur hingewiesen wurde, die von der Guerilla in den Regionen, die sie beherrschte, aufgebaut worden war.

Wer Berichterstatter mitnimmt, weiß, was er ihnen zeigen will. Das gilt übrigens nicht nur für Konfliktparteien, sondern sogar für humanitäre Organisationen. Deren Anliegen mögen noch so ehrenwert sein: Ohne eine professionelle Öffentlichkeitsarbeit, deren Kernstück die Medienberichterstattung ist, haben sie es schwer, staatliche Zuschüsse und private Spenden zu erhalten. Es gibt Gründe dafür, dass in Zeitungen immer mal wieder ganz unvermittelt eine Reportage über dieses oder jenes humanitäre Einzelprojekt in einem weit entfernten Land steht, über das die Leserschaft sonst kaum je Informationen erhält. Man kann in solchen Fällen fast immer davon ausgehen, dass eine Hilfsorganisation einen Journalisten zu einer Reise eingeladen hat, damit er später über eben jenes Projekt in seinem Medium berichtet.

Die meisten Journalisten erkennen, wenn sie für die Imagepflege benutzt werden sollen, und werden, sofern sie seriös sind, alle Informationen dann besonders sorgfältig, sogar misstrauisch, prüfen. Aber eine solche Prüfung stößt an Grenzen: Wenn in einem Kriegsgebiet die Kinder regelmäßig zur Schule gehen und die Zivilbevölkerung einigermaßen gut medizinisch versorgt wird, dann sind das erwähnenswerte Tatsachen – auch wenn sie von interessierter Seite verbreitet werden. Derlei Nachrichten zu verschweigen oder gar völlig auf Berichte aus Regionen zu verzichten, die nur unter solchen Umständen besucht werden können, diente der journalistischen Unabhängigkeit auch nicht.

Selbstverständlich kann man in besonders problematischen Fällen darauf hinweisen, dass man jeweils nur ein kleines, gefiltertes

Eingebettet

Segment der Realität zu sehen bekommen hat. Werden solche Hinweise allerdings zur Routine, dann gewöhnt sich die Öffentlichkeit daran und liest darüber ebenso gleichgültig hinweg wie beispielsweise seinerzeit über die Bezeichnung »mutmaßlich« im Zusammenhang mit gesuchten RAF-Terroristen. Was zunächst als Bekräftigung der Unschuldsvermutung gedacht war, wurde schnell zur feststehenden Floskel – und damit bedeutungslos. Auf formalem Weg lassen sich publizistische Schwierigkeiten nur selten lösen.

Die Frage, wo die Schwelle zur unzulässigen Parteinahme überschritten wird, ist oft schwer zu beantworten, umso schwerer, je weniger Erfahrung eine Reporterin oder ein Reporter mit derartigen Situationen hat. Ich habe mich Ende April 1991 zum ersten Mal einer Konfliktpartei angeschlossen, um über ein Ereignis berichten zu können. Das Ergebnis war keine journalistische Glanzleistung.

Damals, wenige Monate nach dem Sturz von Präsident Siad Barre, hielt ich mich für einige Tage in Mogadischu auf. Während in anderen Teilen des Landes rivalisierende Milizen weiterhin um die Macht kämpften, war es seinerzeit dort relativ ruhig. Die zerstörerischen Auseinandersetzungen zwischen einstmals verbündeten Widerstandsgruppen auch in der somalischen Hauptstadt und die Hungersnot, die der Bürgerkrieg nach sich zog, sollten erst später weltweit Schlagzeilen machen. Noch überwog in Mogadischu die Freude am Sieg über den Diktator, und die Probleme wurden für beherrschbar gehalten.

Umso irritierter war ich, als am zweiten Tag meines Aufenthaltes plötzlich anhaltendes Gewehrfeuer zu hören war. Die Schüsse schienen aus allen Richtungen zu kommen – aber niemand ging in Deckung. Im Gegenteil. Männer und Frauen lachten fröhlich und befreit. Kinder liefen in Gruppen durch die Straßen, schwenkten grüne Zweige und skandierten Parolen: »Die Feinde sind besiegt. Schlagt sie ganz, schlagt sie ganz!« Es wurde nicht gekämpft, sondern gefeiert. Wenige Minuten zuvor war im lokalen Radio bekannt gegeben worden, dass die Hafenstadt Kismayu, die bis dahin noch von Anhängern des vertriebenen Diktators gehalten wurde, von seinen Gegnern erobert worden war. Ein bedeutender Erfolg für die Übergangsregierung der ehemaligen Rebellenbewegung, die weder landesweit noch international anerkannt war.

Was tut eine Regierung, wenn sie etwas publik machen will? Sie informiert die Medien. Somalia stand seinerzeit nicht im Mittelpunkt des öffentlichen Interesses. Außer mir hielt sich damals nur ein weiterer ausländischer Reporter – es war übrigens zufällig der einige Jahre später ermordete Jean Hélène – in Mogadischu auf. Zwei Kabinettsmitglieder der Übergangsregierung in Mogadischu flogen am übernächsten Tag nach Kismayu, um den Kämpfern zu gratulieren und den Sieg zu feiern. Uns wurden Plätze in ihrer Maschine angeboten. Wir akzeptierten, selbstverständlich: Schließlich war diese Mitflugmöglichkeit der einzige Weg, die Angaben zu überprüfen.

In Kismayu wurden wir in einem ehemaligen Hotel, dem Hauptquartier der neuen Machthaber, untergebracht, abends zum Festmahl gebeten und am nächsten Tag herumgefahren – bis hinaus zum Schauplatz des schwersten Gefechts, etwa 50 Kilometer außerhalb der Stadt. Auf den Feldern und in den Gräben lagen noch immer zahlreiche Leichen. Ein Fraß der Geier, allerdings – so weit noch erkennbar – ausnahmslos durch Schusswunden getötet. Hier war nicht gemetzelt worden. Zu sadistischen Racheakten schien es von keiner Seite gekommen zu sein.

Bauern der Umgebung berichteten jedoch, sie seien von Soldaten der ehemaligen Armee gefoltert worden, damit sie die Verstecke ihrer Vorräte preisgaben, und manche zeigten uns frische Wunden. Alles sei geplündert worden. Dichtung oder Wahrheit? Und wie haben sich die Kämpfer der anderen Seite benommen? Dazu sagten

Eingebettet

die Bauern klugerweise nichts. Schließlich waren wir in Begleitung der Sieger.

Am folgenden Tag landete ein Flugzeug des Internationalen Roten Kreuzes mit Medikamenten an Bord. Ich nutzte die Gelegenheit, nach Nairobi zurückzufliegen. Der Pilot hatte eine kenianische Tageszeitung dabei. Auf der ersten Seite stand eine nachweislich falsche Information: Die Anhänger von Siad Barre seien entgegen anders lautender Meldungen nicht aus Kismayu vertrieben worden. Erklärten die Anhänger von Siad Barre. Dieses Dementi ließ sich nun eindeutig widerlegen. Reporterglück, das meine »Einbettung« noch nachträglich hätte rechtfertigen können – wenn ich denn darin überhaupt ein Problem gesehen hätte.

Als ausländische Korrespondenten galten wir als unabhängige Quellen, und das entsprach auch unserem Selbstverständnis. Dennoch hat bei mir der psychologische Mechanismus glänzend funktioniert, der bewirkt, dass man Menschen gerne für anständig halten will, die nett zu einem sind. Die neuen Herren waren sehr nett zu mir gewesen und außerordentlich hilfsbereit. In der Reportage, die ich nach meinem Besuch in der südsomalischen Hafenstadt schrieb, steht: »Niemand in Kismayu« beschuldige die ehemalige Rebellenbewegung »irgendwelcher Übergriffe. Die schwerbewaffneten Kämpfer, von denen viele kaum älter als 17 Jahre sind, haben offenbar nicht einmal geplündert.«

Offenbar. Wenn ich den Artikel heute lese, dann kann ich mir kaum mehr vorstellen, wie naiv ich damals gewesen bin. Ich scheine mir nicht einmal die Frage gestellt zu haben, wie es Einwohnern von Kismayu wohl bekommen wäre, wenn sie einer deutschen Reporterin von Menschenrechtsverletzungen erzählt hätten, die diejenigen begangen hatten, die mit geschulterter Kalaschnikow freundlich lächelnd neben der Journalistin standen. Wie einfältig darf man sein, um über Angelegenheiten von Leben und Tod zu berichten?

Sehr einfältig. Je einfältiger, desto besser – jedenfalls aus Sicht derer, die ein Interesse daran haben, die Berichterstattung in ihrem Sinne zu lenken. Unzureichende Kenntnisse der lokalen Verhältnisse, mangelnde Erfahrung, Unsicherheit und der Wunsch nach Orientierungshilfe angesichts verwirrender Gegebenheiten verstärken die Neigung zur Gutgläubigkeit gegenüber den eigenen ständigen Begleitern. Und somit auch die Bereitschaft, deren Sicht der Dinge zu übernehmen.

Man tut den somalischen Kriegsfürsten wohl nicht unrecht, wenn man unterstellt, dass sie diese Zusammenhänge allenfalls ahnten, deren mutmaßliche Folgen aber weder präzise analysiert noch berechnet hatten, und dass sich auch ihr Verhalten gegenüber Journalisten nicht an Schlussfolgerungen aus solchen Erkenntnissen orientierte. Auch US-Strategen tut man nicht unrecht, wenn man unterstellt, dass sie diese Zusammenhänge ganz genau kennen und entsprechende Konsequenzen daraus ziehen.

Mein Bericht aus Kismayu und die Umstände, unter denen er zustande kam, spiegelt in mehrfacher Hinsicht das Für und Wider »eingebetteter« journalistischer Arbeit wider. Wären mein Kollege und ich nicht gemeinsam mit den neuen Machthabern in die südsomalische Hafenstadt geflogen, dann hätten die Parteigänger des gestürzten Präsidenten noch länger wahrheitswidrig behaupten können, die Stadt weiterhin zu halten. Man mag das vergleichsweise unwichtig finden, vor allem im historischen Rückblick – das Kriegsglück in Kismayu erwies sich später als sehr wechselhaft. Die Stadt ist mehrfach erobert und rückerobert worden. Aber wenn man den Bürgerkrieg in Somalia überhaupt für ein berichtenswertes Ereignis hält, dann ist auch ein vorübergehender militärischer Erfolg in einem strategisch so bedeutsamen Ort eine wesentliche Information.

Der mögliche Einwand, dass die Öffentlichkeit doch auch durch den Piloten des Rot-Kreuz-Flugzeuges von der neuen Entwicklung hätte erfahren können, überzeugt nicht. Journalistische Recherchen sind keine Arbeit, die sich von jedem zufällig Anwesenden ganz nebenbei erledigen lassen. Sie sind Teil eines Berufes, für den man eine qualifizierte Ausbildung braucht, um ihn seriös auszuüben.

Der Pilot war überrascht, als ich ihm während des Rückfluges erzählte, dass Kismayu erobert worden war. Wann immer er Hilfsgüter dorthin transportierte, hielt er sich nur für einige wenige Minuten auf dem Flughafen auf. Zu welcher politischen Gruppierung die ihm unbekannten Milizen gehörten, die ihn dann jeweils abfertigten, hätte er nicht feststellen können, ohne eingehende Erkundigungen einzuziehen. Das war ihm aber ziemlich gleichgültig, und es gehörte auch nicht zu seinem Job. Sein Job war es, ein Flugzeug zu fliegen.

Es ist also keineswegs so, dass Journalisten mit einer »Einbettung« ausschließlich zur leichten Beute von Manipulationen aller Art werden, sondern sie erhalten auch Informationen und die Gelegenheit zu Einblicken, die anders nicht zu gewinnen wären. Das gilt nicht nur für den militärischen Verlauf eines Krieges, wie sich am Beispiel von Kunduz zeigt: Es ist zwar umständlich und teuer, aber durchaus möglich, mit kommerziellen Maschinen in die nordafghanische Stadt zu gelangen. Ob dies jedoch sinnvoller ist als ein Flug mit der Bundeswehr, hängt vor allem von dem Thema ab, um das es bei der Recherche geht.

Für einen Bericht über interne politische Vorgänge in einem Land sind Angehörige einer ausländischen Streitmacht als Quelle wenig hilfreich. Sie mögen noch so guten Willens sein – ihr Wissen ist zwangsläufig begrenzt. Häufig wird die Einschätzung der Lage zusätzlich erschwert, weil fast alle einheimischen Kontaktpersonen eigene Interessen verfolgen, von gewünschter Hilfe bei der Finanzierung eines Projekts bis hin zur möglichen Stärkung ihrer politischen Position. Das ist zwar ein Problem, mit dem auch

Journalisten in der ein oder anderen Form ebenfalls häufig konfrontiert sind, aber es ist eben Teil unseres Berufes, genau das zu erkennen. Von Offizieren werden eigentlich andere Fähigkeiten verlangt.

Sollen die Verhältnisse in einem fremden Land beschrieben werden, dann ist allzu große Nähe zu einer ausländischen Organisation also meist eher hinderlich als förderlich. Anders sieht es jedoch aus, wenn es in einem Artikel gerade um diese Organisation gehen soll, also etwa um die Einsatzbedingungen der deutschen Soldaten in Kunduz, um deren Motivation und Moral sowie um ihre Gefährdungslage. Bei all dem handelt es sich ja um Informationen, die für die Beurteilung einer internationalen Militäroperation ebenfalls von Bedeutung sind. Sie lassen sich bei mehrtägigen, wiederholten Aufenthalten im Camp und bei zwanglosen Gesprächen mit möglichst vielen Bundeswehrangehörigen besser gewinnen als bei einem einmaligen Interview mit dem Kommandeur, das auch Journalisten führen können, die auf eigene Faust nach Kunduz gereist sind.

Vergleichbares lässt sich auch über die Integration von Reportern in US-Streitkräfte während des Irak-Krieges sagen. Ob die Soldaten von ihrem Auftrag überzeugt sind, ob sie Stockungen beim Vormarsch gelassen, aggressiv oder deprimiert zur Kenntnis nehmen: All das kann Aufschluss über Strategie und mögliche Erfolgsaussichten der ausländischen Armee liefern. Selbst dann, wenn man als Journalist gezwungen ist, sich akribisch genau an Vorschriften zu halten, mit denen die freie Berichterstattung eingeschränkt wird.

Die Einbindung von Reportern in Armeestrukturen ist keine Alternative zur unabhängigen Berichterstattung, aber sie kann durchaus deren Ergänzung sein. Sogar eine wertvolle Ergänzung. Allerdings nur, solange sich Korrespondenten ebenso wie Heimatredaktionen der Grenzen, Anforderungen und damit verbundenen

Risiken bewusst sind und die Öffentlichkeit darüber auch aufklären – und zwar nicht nur mit gestanzten Formulierungen. Das ist jedoch eher die Ausnahme als die Regel.

Alle Reporter befinden sich in der Gefahr, die notwendige Distanz und die gewünschte größtmögliche Objektivität zu verlieren, wenn sie sich einer Konfliktpartei anschließen oder gar gemeinsam mit Kampftruppen in den Krieg ziehen. Zumal in einer derartigen Lage gelegentlich auch der beste Journalist nicht unparteiisch bleiben wird: etwa dann, wenn die Einheit, die er begleitet, in ein Gefecht verwickelt ist. Da steht eindeutig fest, welcher Seite er den Sieg wünscht. Schon im eigenen Interesse.

Chris Ayres, Reporter der britischen *Times*, hat diesen Mechanismus eindrucksvoll geschildert. Er war Wirtschaftskorrespondent in Los Angeles und verfügte über keinerlei Erfahrung mit Kriegsberichterstattung, als er von seiner Zeitung in den Irak geschickt wurde, um sich dort einer US-Einheit anzuschließen. Zwei Wochen später bat er darum, nach Hause zurückkehren zu dürfen. »Den größten Teil der Zeit hatte ich keine Ahnung, wo ich war oder was unsere Einheit tat.« Das Gefühl, sich in permanenter Lebensgefahr zu befinden, zeigte Wirkung: »Meine Objektivität war in Stücke geschossen geworden. Alles, was ich wollte, war, dass die Amerikaner schnell gewinnen: eher meiner eigenen Sicherheit wegen als aus irgendwelchen politischen Gründen.«

Eine solche Verknüpfung eigener Interessen mit dem Gegenstand der Berichterstattung ist nur einer von mehreren problematischen Faktoren im Zusammenhang mit der Einbindung von Reportern in Armeestrukturen. Ein anderer Einwand gegen eine derartige Praxis ist, dass gemeinsam durchlebte Gefahren oder Strapazen, ja sogar einfach eine längere, gemeinsam verbrachte Zeit eine Nähe und Bindung entstehen lassen, die ein klares, unvoreingenommenes Urteil trüben. Niemandem fällt es leicht, über Leute kritisch zu berichten, mit denen man sich nächtelang angeregt unterhalten hat und um deren Zweifel oder persönliche Probleme man weiß. Man möchte sich gerade diesen Gesprächspartnern gegenüber nicht dem Vorwurf aussetzen, sie »hereingelegt« zu haben. Das mag eine in professioneller Hinsicht unzulässige Emotion sein. Aber gegen Gefühle lässt sich schwer argumentieren.

Wenn US-Journalisten mit amerikanischen Militärs reisen oder deutsche Reporter ein Bundeswehrcamp in einem fernen Land besuchen, dann wird die Verbundenheit mit den eigenen Landsleuten atmosphärisch noch durch etwas anderes verstärkt: durch den Anschein der Normalität und das Gefühl der Sicherheit, die der Anblick vertrauter Gegenstände hervorruft. Im afghanischen Kunduz gibt es zum Frühstück unter anderem kleine Plastiktöpfchen mit Nutella und deutschem Schmelzkäse.

Dahinter steckt ganz gewiss keine andere Absicht, als die Soldaten kostengünstig auf möglichst praktische Weise zu ernähren und zugleich die gesundheitlichen Risiken zu vermeiden, die mit lokalen Produkten verbunden sein können. Es wäre albern, zu unterstellen, dass die Gefühlslage von Soldaten oder gar von durchreisenden Journalisten gezielt durch Nutella beeinflusst werden soll. Das ändert nichts daran, dass sie (auch) dadurch beeinflusst wird.

Alles, was man kennt, womöglich gar noch aus Zeiten der Kindheit, vermittelt den Eindruck von Sicherheit und kontrollierbaren, geordneten Verhältnissen. Draußen lauert eine bedrohliche, fremde Welt, in der selbst der Genuss von klarem Wasser abscheuliche Krankheiten nach sich ziehen kann – innen herrscht Geborgenheit. Auch so werden Gemeinschafts- und Heimatgefühle erzeugt. Wer diese Interpretation für übertrieben hält, sollte eine andere Erklärung dafür finden, dass im Kantinenzelt der Bundeswehr allmorgendlich der Fernseher läuft. Mit deutschem Programm, aber ohne Ton.

Zensurmaßnahmen wären eigentlich überhaupt nicht notwendig, wenn Reporter sich in Armeestrukturen einbinden lassen: Die innere

Eingebettet

Bereitschaft zur Schonung und Rücksichtnahme gegenüber Männern und Frauen, die einem vertraut geworden sind und vielleicht sogar die ein oder andere kleine Gefälligkeit erwiesen haben, ist im Ergebnis oft erheblich wirkungsvoller. Dieser Mechanismus greift auch auf anderen Feldern der Berichterstattung wie etwa der Innenpolitik. In unentrinnbaren Situationen – weit weg von zu Hause, auf unvertrautem Terrain oder gar auf einem Schlachtfeld – bedarf es immenser Anstrengungen, um sich ihm entgegenzustemmen.

Das wussten offensichtlich all diejenigen, die sich das Konzept der »eingebetteten« Journalisten ausgedacht haben, und auch viele von denen, die es später umsetzten. In einem Bericht der 3. US-Infanteriedivision finden sich zu diesem Thema deutliche Worte: Einer der Gründe, weshalb Reporter im Irak-Krieg mitgenommen worden seien, habe in dem Wunsch bestanden, der irakischen Propagandamaschinerie etwas entgegenzusetzen. (Interessant, dass das Pentagon dafür offenbar nicht als allein hinreichendes Instrument erachtet wurde.)

Der Erfolg war aus Sicht der Militärs durchschlagend: »Es war offenkundig, dass das Programm unseren Erwartungen entsprach«, heißt es in dem Bericht. Weltweit hätten Medien über die »großartige Arbeit« der 3. Infanteriedivision berichtet, »zutreffend und ungeschminkt«. Und weiter: »Insgesamt haben die eingebetteten Medien die negative Berichterstattung von Reportern außerhalb des Irak ausbalanciert.« So würdigt man einen Propagandaerfolg.

Auf der ganzen Welt gibt es Journalisten, die nichts dagegen haben, sich vereinnahmen zu lassen. In der Bundesrepublik verdanken sie ihre Karriere oft einem Parteibuch. Sie sind der Ansicht, es lasse sich mit ihrem beruflichen Ethos vereinbaren, als Interessenvertreter einer politischen Richtung zu agieren, und sie halten das Sprichwort, dem zufolge eine Hand die andere wäscht, für eine Abwandlung des kategorischen Imperativs.

In Kriegszeiten wächst die Zahl derer, die nicht neutral bleiben wollen. Ist das eigene Land an einem militärisch ausgetragenen Konflikt beteiligt, dann glauben manche Reporter, es sei ihre patriotische Pflicht, sich auf die Seite ihrer uniformierten Landsleute zu schlagen. CBS-Nachrichtenchef Dan Rather hat es auf den Punkt gebracht: »Ich bin ein Amerikaner. Wenn mein Land im Krieg ist, will ich, dass es gewinnt.« In Deutschland reicht es manchmal sogar, wenn Verbündete kämpfen. »Sieg« titelte die *Bild-Zeitung* am 10. April 2003 nach der Eroberung von Bagdad durch die US-Streitkräfte. Wenn schon die Bundesregierung nicht in die Schlacht ziehen wollte, so hatte doch wenigstens die auflagenstärkste deutsche Tageszeitung den Krieg mitgewonnen. Vorübergehend.

Die Schlagzeile beherrschte einen ganzen Tag lang das Medienangebot an jedem Kiosk und an jeder Tankstelle. Ob man den Angriff auf den Irak nun für richtig oder für falsch hielt: Der Glaube an die Unabhängigkeit der Medien wird durch eine solche Überschrift in jedem Falle erschüttert. Wenn er denn überhaupt noch vorhanden war. Das schadet auch all denen, die jederzeit das Credo des verstorbenen Tagesthemen-Moderators Hanns-Joachim Friedrichs unterschreiben würden: »Einen guten Journalisten erkennt man daran, dass er Distanz zum Gegenstand seiner Betrachtung hält; dass er sich nicht gemein macht mit einer Sache, auch nicht mit einer guten Sache; dass er immer dabei ist, aber nie dazugehört.«

Es gibt kein Patentrezept, das diejenigen, die professionell gebotene Distanz halten wollen, für alle Zeiten und in allen Situationen vor Beeinflussung schützt. Aber es gibt Hilfen. Je länger und intensiver sich Journalisten mit einem Arbeitsgebiet beschäftigen, desto skeptischer begegnen sie im Regelfall einseitigen Informationen, mit denen sie von jeweils einer Partei gefüttert werden. Ich denke, dass ich ein halbes Jahr nach meinem ersten Aufenthalt in Kismayu

Eingebettet

und einige Somalia-Besuche später erheblich weniger arglos war, als sechs Monate zuvor.

Der Prozess der Immunisierung gegen Versuche der Beeinflussung verläuft unaufhaltsam, aber gemächlich. Deshalb bräuchten eigentlich alle Reporter eine Zeit der Anpassung, eine Schonfrist, innerhalb derer sie sich ohne Zwang zur aktuellen Berichterstattung in ihrer neuen Umgebung zurechtfinden können. Medien, die ständige Korrespondenten in eine Region entsenden, räumen ihren Mitarbeitern im Allgemeinen einen solchen Freiraum ein. Andere Medien, die erst dann auf eine Entwicklung reagieren, wenn sie weltweit Schlagzeilen macht, tun das nicht.

Im Zeichen des wachsenden Konkurrenzdrucks liegt das Augenmerk inzwischen häufig vor allem auf der Frage, wer zuerst am Ort des Geschehens ist. Wenn Artikel schneller um die Welt geschickt als gelesen werden können, dann bleibt keine Zeit für ergebnisoffenes Nachdenken. Was würde William Howard Russell, der hoch angesehene erste Kriegsberichterstatter in des Wortes moderner Bedeutung, sich wohl heute von seiner Redaktion anhören müssen, wenn er nach einem so bedeutenden Ereignis wie der Schlacht bei Königgrätz 1866, in der die Preußen einen entscheidenden Sieg über die Habsburger errangen, volle zwei Tage bräuchte, um seinen Bericht abzuliefern? Es wäre das Ende einer Karriere.

Geschwindigkeit genießt inzwischen vielfach einen deutlich höheren Stellenwert als Sorgfalt. Allerdings nicht überall und nicht bei allen Themen. Für die Parlamentsberichterstattung aus der Hauptstadt leisten sich sogar reißerische Massenblätter erfahrene, kenntnisreiche Korrespondenten. Auch von deutschen Journalisten in Washington wird Kompetenz erwartet. Die Bedeutung, die einem Staat, einer Region oder einer politischen Entwicklung von der Öffentlichkeit beigemessen wird, lässt sich einigermaßen zuverlässig an der Qualifikation ablesen, die vor allem kostenbewusste private Fernsehsender von Leuten verlangen, die sie für teures Geld irgendwohin schicken. Je eher sie Zuschauerproteste wegen schlampig recherchierter, fehlerhafter Beiträge befürchten müssen, desto höher legen sie die Messlatte. Im Zusammenhang mit Informationen über Afrika müssen sie solche Proteste offenbar überhaupt nicht befürchten. Also liegt die Messlatte flach auf dem Boden.

»Wo sind hier eigentlich die Leichen?« fragte die Reporterin eines deutschen Privatsenders und schaute interessiert aus dem Autofenster. Sie war gerade im seinerzeit ruhigen und beschaulichen Bukavu gelandet, und sie sollte über einen Völkermord berichten. Bukavu ist eine Kleinstadt im damaligen Zaire und heutigen Kongo. Der Völkermord fand in Ruanda statt. Die Leichen lagen daher ein paar Kilometer weiter weg. Im Nachbarstaat.

»Können Sie mir die Lage in Somalia zusammenfassen und erklären?« fragte mich ein Journalist in Mogadischu, der gerade aus Deutschland eingeflogen war. »Ich habe aber nur fünf Minuten Zeit.« Den Mann sah ich ein paar Jahre später wieder. Da hatte er sich in das zairische Goma begeben, wohin nach dem Machtwechsel in Ruanda und dem damit verbundenen Ende des Völkermords mehrere Hunderttausend ehemalige Soldaten, Milizen, aber auch Zivilisten geflüchtet waren, die Racheakte oder einfach Verhaftungen der neuen Regierung befürchteten. Vor laufender Kamera sagte der deutsche Reporter, es sei schwer verständlich, weshalb die Flüchtlinge nicht über die Grenze zurück ins ruandische Gisenyi gebracht würden. Dort könnten sie viel leichter mit Hilfsgütern versorgt werden.

Man hätte dem Berichterstatter erläutern können, was er so unbegreiflich fand, in diesem Fall sogar innerhalb von nur fünf Minuten. Seine Anregung, Flüchtlinge zwecks besserer Versorgung in ihr Ursprungsland zurückzuschicken, ist mit internationalen Abkommen wie der Genfer Flüchtlingskonvention unvereinbar. Aus unmittelbar einleuchtenden Gründen, wie ich denke. Den

Eingebettet

Fernsehzuschauern in der Bundesrepublik wurde die Frage übrigens nicht vorgelegt, denn ausgerechnet während des Live-Aufsagers brach die Leitung nach Deutschland zusammen. Aber der Reporter bekam ja noch häufiger Gelegenheit, sich zu profilieren. Auch aus dem Irak hat er später berichtet.

Die Praxis der »Einbettung« erfordert von Korrespondenten und Redaktionen ein besonders hohes Maß an Verantwortungsgefühl, das es eigentlich zur Bedingung hätte machen müssen, nur solche Reporter zu den US-Streitkräften zu entsenden, die sich sowohl im Irak als auch mit Kriegsberichterstattung besonders gut auskannten. Denn die größte publizistische Gefahr besteht ja gerade darin, dass jemand, der »eingebettet« ist, von dem Thema, an dem er arbeitet, überhaupt nichts zu verstehen braucht. Bei Bedarf kann er sich schließlich jederzeit von seinen Begleitern informieren lassen. Dann ist er allerdings kein Journalist mehr, sondern ein Herold. Im Zweiten Weltkrieg waren Propagandisten wenigstens noch offizieller Teil der Streitkräfte und dienten nicht zugleich als Kronzeugen der Meinungsfreiheit.

Dass diejenigen, denen eine unkritische Berichterstattung nutzt, nicht zugleich die obersten Wächter der journalistischen Unabhängigkeit sind, ist wenig überraschend und ihnen wohl auch nicht vorzuwerfen. Im Irak-Krieg aber haben US-Streitkräfte und Teile der Administration in Washington erheblich mehr getan, als sich lediglich aus der Frage herauszuhalten, ob und in welchem Umfang die Freiheit des Wortes gewährleistet war: Ausgerechnet Vertreter dieses Landes, das auf eine lange und rühmliche Geschichte der Pressefreiheit zurückblickt, bemühten sich aktiv darum, unabhängige Reporter einzuschüchtern oder bei ihrer Arbeit zu behindern – und sie haben das dann auch noch als normalen Vorgang, als legitim und unabänderlich dargestellt.

Vor dem Angriff auf Bagdad forderten die USA alle Korrespondenten auf, die Stadt zu verlassen. Begründung: Auch ihre Hotels könnten von Bomben getroffen werden. Das ist ein seltsamer Hinweis, wenn er ausgerechnet von Leuten kommt, die bei anderen Gelegenheiten regelmäßig die Zielgenauigkeit ihrer Waffen rühmen und den Eindruck zu erwecken suchen, ein Krieg lasse sich so führen, dass er fast keine zivilen Opfer fordern müsse. Darüber hinaus ist er überflüssig. Wer sich in einem Kriegsgebiet aufhält, weiß, dass er Gefahr läuft, getötet zu werden. Welch anderen Zweck kann eine so explizite Warnung also verfolgen als den, dass Reporter sich hinreichend bedroht fühlen, um ihre Arbeit einzustellen und abzureisen?

Leider erwiesen sich die Warnungen als nur allzu berechtigt. Die Menschenrechtsorganisation »Reporter ohne Grenzen« macht die US-Streitkräfte in dem kurzen Zeitraum vom ersten Angriff auf Bagdad bis zum offiziell verkündeten Ende der Kampfhandlungen für den Tod von mindestens fünf Journalisten verantwortlich. Der Fernsehreporter Terry Lloyd kam in der Nähe von Basra unter britisch-amerikanischen Beschuss. Die Kameramänner Taras Protsyuk und José Couso starben in Bagdad, als ein US-Panzer eine Salve auf das Hotel Palestine abfeuerte. Ihr Kollege Tarek Ayoub kam bei einem Angriff auf das Büro des arabischen Fernsehsenders al-Dschasira ums Leben, und der Kameramann Mazen Dana wurde erschossen, weil ein Soldat angeblich sein Objektiv mit einem Granatwerfer verwechselt hatte. In all diesen Fällen wurde schnell der Verdacht laut, die Journalisten seien absichtlich getötet worden. Derlei Unterstellungen haben sich nicht belegen lassen.

Das ist ein Trost, aber nur ein schwacher. Denn die Mischung aus Selbstgerechtigkeit und Gleichgültigkeit, mit der die Todesfälle offiziell kommentiert wurden, belegt, dass US-Repräsentanten der ungehinderten Arbeit von Journalisten derzeit nur einen sehr geringen Stellenwert einräumen. So erklärte Pentagon-Sprecherin Victoria Clarke nach dem Beschuss des Hotels Palestine am 3. April 2003 lapidar: »Eine Kriegszone ist ein gefährlicher Platz.« Man

Eingebettet

habe die Medien schließlich immer wieder davor gewarnt, auf eigene Faust Korrespondenten nach Bagdad zu entsenden. So schlicht kann man das sehen. Man kann auch ein bisschen genauer hinschauen: Der Beschuss des Hotels Palestine war »zwar kein willentlicher Akt gegen Journalisten und Medien, jedoch Konsequenz katastrophaler Fahrlässigkeit führender Militärs«, urteilt »Reporter ohne Grenzen«. Während die Kommandoebene der US-Streitkräfte gewusst habe, dass das Hotel von zahlreichen Reportern bewohnt wurde, seien die kämpfenden Truppen zu keinem Zeitpunkt darüber informiert worden. Es bliebe offen, warum diese Information nicht weitergegeben worden sei. Geringschätzung gegenüber Journalisten nennt die Organisation als ein mögliches Motiv.

Weniger spektakulär, aber dennoch alarmierend sind die vielen Begebenheiten, von denen Reporter erzählen, die nicht »eingebettet« waren und die deutliche Hinweise darauf liefern, wie weit inzwischen eine Haltung verbreitet ist, die Journalisten danach sortiert, wer als Verbündeter und wer als Gegner zu betrachten ist. So bemühte sich der deutsche Fernsehreporter Christoph Maria Fröhder im Februar 2004 im Irak um ein Interview mit US-Militärs. Ein Offizier erteilte ihm zwei Tage später eine Absage. Der Geheimdienst habe Fröhder überprüft, und er sei kein genehmer Gesprächspartner. Er habe aus Vietnam und über den Golfkrieg 1991 kritisch berichtet, außerdem sei die ARD mit ihrem Nahost-Korrespondenten Jörg Armbruster »links und antiamerikanisch. Wir registrieren das.«

Es gibt Schlimmeres als die Verweigerung eines Interviews. Die irakische Regierung hat Oppositionelle, darunter zahlreiche Journalisten, über Jahre hinweg gequält, verfolgt und ermordet. Vor diesem Hintergrund bleibt einem das Lachen über die teilweise grotesken, teilweise zynischen Manipulationsversuche des Regimes während des Irak-Krieges im Halse stecken, die dem Propagandaminister Said Al-Sahhaf den Spitznamen »Comical Ali« eingetragen haben. Sie gipfelten in der Prophezeiung, die US-Soldaten würden »massenhaft Selbstmord an den Mauern Bagdads« begehen – ausgesprochen zu einem Zeitpunkt, zu dem die offenbar keineswegs lebensmüden ausländischen Soldaten gerade strategisch wichtige Punkte der Hauptstadt erobert hatten.

Diese Vorgänge werfen ein grelles Licht auf die Geisteshaltung des gestürzten Regimes. Sie zeugen von der Menschenverachtung und dem Realitätsverlust, der die letzten Getreuen von Saddam beherrschte. Aber sie spielen keine Rolle für die Beurteilung der US-Medienpolitik. Die Tatsache, dass eine verbrecherische Diktatur die Pressefreiheit ebenso wenig achtete wie andere Menschenrechte, rechtfertigt nicht die geringste Relativierung von Rechtsnormen und Werten seitens einer Macht, die für sich in Anspruch nimmt, Hort und Hüter von Demokratie und Freiheit zu sein. Das gilt übrigens nicht nur für den Umgang mit Journalisten.

Im Vietnamkrieg waren es US-Reporter und -Fotografen gewesen, die Berichte und Bilder von Kriegsverbrechen der »eigenen« Streitkräfte und vom Leid der Zivilbevölkerung veröffentlichten und damit wesentlich dazu beitrugen, dass – auch – in den Vereinigten Staaten die Zahl der Kriegsgegner wuchs. Für die jeweiligen Regierungen in Washington war das unbequem, aber nicht zu ändern. Versuche, die kritische Berichterstattung zu unterbinden, wären seinerzeit nicht durchsetzbar gewesen und hätten einen dramatischen Imageverlust nach sich gezogen.

Das hing auch mit der damaligen globalen Ordnung zusammen. Solange es eine bipolare Welt und somit einen Wettkampf der Systeme gab, war der Hinweis auf die Presse- und Meinungsfreiheit im Westen und die Unterdrückung kritischer Positionen im Osten ein kaum zu widerlegendes Argument für die moralische Überlegenheit des Kapitalismus gegenüber dem Kommunismus. Solche Argumente werden inzwischen nicht mehr benötigt: Es gibt keinen

Eingebettet

nennenswerten Teil der westlichen Öffentlichkeit mehr, der einen Systemwechsel wünscht.

Die Bevölkerung und auch die meisten Politiker halten den Grundrechtekatalog vermutlich weiterhin für ein hohes Gut. Aber die Antwort auf die Frage, welche Einschränkungen in diesem Zusammenhang hinnehmbar sind, wird auch davon beeinflusst, wie gefährlich die Kritiker den Regierenden werden können. Derzeit müssen sie in diesem Zusammenhang offenbar nicht besonders ernst genommen werden.

Der Wunsch von US-Regierungen, die Berichterstattung über militärisch ausgetragene Konflikte in immer stärkerem Maße lenken zu wollen, lässt sich nicht erst seit dem Irak-Krieg von 2003 beobachten. Im Golfkrieg 1991 waren die entsprechenden Bemühungen noch ziemlich dilettantisch: Die berühmten grünstichigen Aufnahmen von Luftangriffen, auf denen wenig mehr als einige Punkte und Schatten zu erkennen waren, und die allzu offenkundig geübte Praxis, einzelne Medien gezielt zu privilegieren beziehungsweise zu benachteiligen, erzeugte mittelfristig eher Misstrauen seitens der Öffentlichkeit und Empörung in den Reihen der Journalisten als die gewünschten Resultate. Inzwischen haben die regierungsamtlich bestellten Medienstrategen dazugelernt.

Der berühmte Dokumentarfilmer Danny Schechter, zweimaliger Preisträger des begehrten »Emmy«, hat seinerzeit CNN mit aufgebaut und verfolgt die Entwicklung der elektronischen US-Medien seit Jahrzehnten aus nächster Nähe. Er sieht ökonomische Gründe hinter der immer regierungsfreundlicheren Berichterstattung amerikanischer Fernsehsender. Es sei »eine Tatsache, dass alle Medienkonzerne, während der Krieg läuft, Lobbyismus betreiben, um sich bei der Regierung weitere Sendelizenzen zu sichern und die Mediengesetze in ihrem Sinne zu ändern. Wer immer noch eine Station mehr kaufen möchte, braucht die Genehmigung der Regierung und wird die folglich kaum kritisieren.«

Verglichen damit herrschen in der Bundesrepublik noch immer paradiesische Zustände. Der Einfluss der Parteien vor allem auf die öffentlich-rechtlichen Sender und die immer stärkere Medienkonzentration bleiben zwar ebenfalls nicht ohne Wirkung auf die Tendenz der Berichterstattung, und das Geschachere um Intendantenposten legt unmissverständlich Zeugnis davon ab, in welchem Ausmaß die Parteien ihre Günstlinge als verlängerten Arm ihrer eigenen Interessen betrachten. Auch lassen sich zahlreiche Beispiele – vor allem im Bereich der Personalpolitik – dafür finden, dass sich die Erwählten später als dankbar erweisen.

Eine direkte, unmittelbare Einflussnahme der Politik auf die Berichterstattung aber wird von den meisten Gremien und Journalisten nach wie vor zurückgewiesen. Sie verstößt gegen die Berufsehre. In dieser Hinsicht haben sich die Westdeutschen nicht zuletzt als gelehrige Schüler der Siegermacht USA erwiesen. Diese hatte nach dem Zweiten Weltkrieg maßgeblichen Anteil am Aufbau einer unabhängigen Medienlandschaft in der Bundesrepublik, und es gab seinerzeit erheblich weniger Anlass als heute, an ihrem kompromisslosen Eintreten für die Pressefreiheit zu zweifeln.

Manche Vorgänge sind in dieser Hinsicht durchaus ermutigend. Im Jahr 2001 strahlte der WDR einen Film mit dem Titel »Es begann mit einer Lüge« aus, in dem sich die Autoren Jo Angerer und Mathias Wert sehr kritisch mit der Informationspolitik der Bundesregierung während des Kosovo-Krieges auseinander setzten und dem damaligen Verteidigungsminister Rudolf Scharping gezielte Manipulation der öffentlichen Meinung vorwarfen. Der schaltete zunächst einen Anwalt ein, der den Sender zu einer Unterlassungsverpflichtungserklärung aufforderte. Begründung: »Der oben genannte Artikel verletzt die Rechte unserer Mandantschaft.«

Die WDR-Juristen reagierten kühl. Sie wiesen die Forderung zurück und schrieben, es sei ihnen nicht möglich, »zum Begehren im Einzelnen zu replizieren«, da der Anwalt die behaupteten

Eingebettet

Rechtsverletzungen nicht begründet habe. Daraufhin ließ Scharping den Leiter seines Büros einen Brief an den WDR-Rundfunkratsvorsitzenden schreiben. »Minister Scharping bittet, den Rundfunkrat des WDR mit diesem Beitrag zu befassen und ihn über das Ergebnis zu informieren.« In der Gremiensitzung spielte das Thema dann tatsächlich eine Rolle, allerdings nur, wie Teilnehmer erzählten, »ganz am Rande«. Dabei sei festgestellt worden, dass der Film bisher allen kritischen Nachprüfungen standgehalten habe.

So erfreulich derlei Beispiele für Standfestigkeit sind: Sie ändern nichts daran, dass die Prinzipien der unabhängigen Berichterstattung in vielen Köpfen nach wie vor nicht verankert zu sein scheinen – und zwar nicht einmal bei denen, deren Aufgabe es eigentlich wäre, sie durchzusetzen. Im Juni 1999 kamen im Kosovo zwei Reporter des *Stern* ums Leben, als ihr Auto auf der Straße von Scharfschützen beschossen wurde. Ein Sprecher des Verteidigungsministeriums appellierte danach an Journalisten, nicht alleine loszufahren, sondern den Schutz der Streitkräfte anzunehmen.

Den »Schutz der Streitkräfte«? Die Bundeswehr war Konfliktpartei im Krieg gegen Jugoslawien. Die – sicher nett gemeinte – Aufforderung der Hardthöhe erinnert an das, was einige Jahre später mit dem Konzept der »eingebetteten« Reporter erreicht werden sollte: dass nämlich über Kriege möglichst nur noch aus Sicht der eigenen, siegreichen Seite berichtet werden möge.

Dem Sprecher eines Ministeriums kann das vielleicht noch nachgesehen werden. Wenn aber sogar der Repräsentant einer wichtigen berufsständischen Organisation in dasselbe Horn bläst, dann gibt es allen Grund, die Feuerglocken zu läuten. Ausgerechnet der damalige Vorsitzende des Deutschen Journalisten Verbandes erklärte nach dem Tod der *Stern*-Reporter, Journalismus dürfe nicht zum Abenteurertum verkommen. In einem derart hochgradig verminten Gebiet, so Hermann Meyn, müssten Journalisten nicht in erster Front mitmarschieren.

Müssen sie nicht? Wie soll sich die Öffentlichkeit denn ein Urteil über die Konsequenzen von außenpolitischen Entscheidungen ihrer eigenen Regierung bilden, wenn Informationen für überflüssig gehalten werden, die auf unabhängigem – lies: abenteuerlichem – Wege gewonnen worden sind? Möglicherweise sind die beiden *Stern*-Reporter ein unvertretbar hohes Risiko eingegangen. Wenn Opfer erst einmal zu beklagen sind, dann lässt sich das hinterher immer leicht behaupten.

Wahr ist, dass die Journalisten von Angehörigen der Bundeswehr vor möglichen Gefahren gewarnt worden waren, bevor sie ihre Fahrt angetreten hatten. Aber will man daraus die prinzipielle Forderung ableiten, dass Kriegsberichterstatter immer erst die Sieger fragen müssen, bevor sie mit Recherchen beginnen? Dann könnte man sich bei der Verbreitung von Informationen gleich auf den Abdruck amtlicher Bulletins beschränken. Das käme billiger.

Allerdings ist zu vermuten, dass sich darauf nicht einmal solche Medien einließen, denen eine kritische und unabhängige Haltung gegenüber den Regierenden nachweislich kein Anliegen ist. Es ist nämlich fraglich, was die Nachrichtengebung während eines Krieges eigentlich mehr bestimmt: Die immer ausgefeilteren Methoden, mittels derer sich die Politik um Steuerung des Meinungsklimas bemüht – oder der Kampf um Quoten, der angesichts des technischen Fortschritts und der damit verbundenen Beschleunigung der Nachrichtenübermittlung in immer stärkerem Maße denselben Gesetzen folgt wie die Unterhaltungsindustrie. Manches spricht dafür, dass Letzteres obsiegt. Ein Beleg dafür ist die wohl aufsehenerregendste Sendung, die der CNN-Korrespondent Brent Sadler jemals gestaltet hat.

5
Militainment

Brent Sadler hat Fernsehgeschichte geschrieben. Allerdings ein unrühmliches Kapitel. Am 13. April 2003 erreichte der CNN-Korrespondent zusammen mit seinem Team noch vor den US-Truppen die irakische Stadt Tikrit, den Geburtsort von Saddam Hussein. Er schaute sich auf menschenleeren Militärbasen um, wo verlassene Panzer und andere Fahrzeuge von einer hastigen Flucht der Soldaten zeugten. Dann fuhr er weiter in die Innenstadt. Auf dem Weg passierte das Team einen irakischen Kontrollpunkt, an dem das Auto durchgewunken wurde. »Nicht besonders feindselig und auch nicht besonders freundlich«, sagte Sadler später. Im Zentrum hatte der Journalist gerade begonnen, mit einigen Leuten auf der Straße zu sprechen, als die Situation plötzlich eskalierte: Die Crew wurde gezielt beschossen, ihr bewaffneter Leibwächter erwiderte das Feuer, und nur mit knapper Not gelang allen unverletzt die Flucht.

Zahlreiche Medien und auch Medienwissenschaftler haben ihre Aufmerksamkeit vor allem dem Umstand gewidmet, dass der Begleiter des Fernsehteams zurückgeschossen hat. Damit, so wurde kritisiert, habe der Korrespondent die Grenze zwischen Beobachter und Kombattanten eindeutig überschritten. Ein derartiges Verhalten gefährde die international anerkannte neutrale Stellung von Journalisten und damit das Leben aller Reporter. Das ist eine ehrenwerte, aber realitätsferne Einschätzung der Sachlage. Was soll denn »international anerkannt« in einer chaotischen Situation oder gar in einem zerfallenen Staat konkret bedeuten? Es gibt mehrere Krisenregionen, in denen sich Journalisten aus gutem Grund schon lange nicht mehr ohne bewaffneten Begleitschutz bewegen. Sonst könnten sie sich nämlich gar nicht bewegen.

In Mogadischu war es selbst auf dem Höhepunkt der Kämpfe niemals schwierig, ein Auto zu mieten. Es war jedoch unmöglich, ein Fahrzeug zu bekommen, auf dem nicht mindestens vier »Gunmen« saßen. »Es geht mir gar nicht darum, Ihr Leben zu schützen«, erklärte ein Autoverleiher freundlich. »Aber ich möchte den Wagen nicht verlieren.« Seine Sorge war verständlich. Es dürfte irgendwann fast überhaupt kein Privatauto mehr in der somalischen Hauptstadt gegeben haben, das während des Bürgerkrieges nicht mehrfach den »Besitzer« gewechselt hatte. Wer sich ohne Bewaffnete auf den Weg gemacht hätte, wäre vermutlich keine drei Kilometer weit gekommen, ohne überfallen zu werden.

Glücklicherweise hat niemals jemand versucht, ein Auto zu stehlen, in dem ich saß. Aber ich habe keinen Zweifel daran, dass alle bewaffneten Begleiter, mit denen ich je unterwegs war, das Feuer sofort erwidert hätten, wären wir angegriffen worden. Gewiss: Der Fall von Sadler ist etwas anders gelagert. Offenkundig sollte der Geleitschutz in diesem Fall tatsächlich vor allem für die größtmögliche Sicherheit des Teams in einer Kriegszone sorgen und war in erster Linie dazu gedacht, Banditen abzuschrecken. Aber die Grenze zwischen Räubern und Konfliktparteien lässt sich in zerfallenen Staaten wie Somalia schon seit vielen Jahren gar nicht mehr eindeutig ziehen. Daher bedarf es schon einer sehr fein ziselierten Analyse, um aus dem Unterschied zwischen Somalia und dem Irak den prinzipiellen Standpunkt abzuleiten, es sei für Journalisten zulässig, sich mit der Androhung von Waffengewalt vor Kriminellen zu schützen, unzulässig sei jedoch dasselbe Verhalten in einem Kampfgebiet.

Militainment

Es gibt inzwischen zahlreiche Situationen, in denen Journalisten – und übrigens auch Mitarbeiter der meisten humanitären Organisationen – nicht mehr ohne Leibwächter unterwegs sind. Man kann das aus guten Gründen bedauern und für grundsätzlich falsch halten. Aber bisher ist mir kein Weg eingefallen, wie sich das vermeiden ließe, ohne dass man zugleich die Arbeit in bestimmten Regionen völlig einstellte. Womit man zugleich oft gerade die Interessen jener bediente, von denen Gewalt ausgeht. Brent Sadler war nicht der erste Reporter, der beschossen wurde und sich in Begleitung von Leuten befand, die zurückgeschossen haben. Warum haben ausgerechnet seine Erlebnisse weltweit Aufsehen erregt und erbitterte Kontroversen ausgelöst? Weil Millionen dabei zuschauen konnten.

CNN übertrug live, wie Sadler vor laufender Kamera recherchierte. Hatte Journalismus jemals etwas mit der Einordnung und Auswahl von Nachrichten, mit ihrer Bewertung und Zusammenfassung zu tun? An jenem Sonntagvormittag wurde Wirklichkeit, was manche Medienkritiker seit langem befürchten: Der Stand der technischen Entwicklung war das Einzige, was zählte. Sachkenntnis und Erfahrung spielten keine Rolle mehr. Es ist inzwischen möglich, ohne Studio und Zeitverzögerung aus praktisch jedem Ort der Welt sendefähige Bilder zu bekommen. Wunderbar, dann bringen wir die auch. Und zwar sofort. Es liegt eine bittere Ironie darin, dass ausgerechnet ein Nachrichtensender und ein erfahrener Korrespondent gemeinsam an der Botschaft gearbeitet haben, sie seien überflüssig.

Die ausführliche Sondersendung hätte von einem Volontär bestritten werden können, der den Namen Saddam Hussein noch nie zuvor gehört hatte. Ihr Informationsgehalt tendierte gegen Null. Auf einen Panzer klettern und dabei mitteilen, dass man gerade auf einen Panzer klettert: Das kann nun wirklich jeder, der in einer solchen Lage den Mut dazu aufbringt. Mut ist keine berufsspezifische Qualifikation.

Wie Brent Sadler selbst erfahren musste, sagte die Tatsache, dass irakische Militärbasen vor Ankunft der US-Truppen kampflos geräumt worden waren, noch gar nichts über Ausmaß, Motive und Entschlossenheit des möglichen Widerstandes aus. Die einzige Spannung, die in der Live-»Reportage« lag, bestand in dem damit verbundenen Nervenkitzel. Der traut sich was. Ob er das wohl überlebt? Der inflationär erhobene Vorwurf des Sensationsjournalismus ist in diesem Zusammenhang mehr als berechtigt.

Mit grundsätzlicher Kritik an Live-Sendungen im Fernsehen hat diese Feststellung nichts zu tun. Der technische Fortschritt kann ja gelegentlich tatsächlich dazu beitragen, interessierte Zuschauer von dem zu befreien, was mit jeder journalistischen Einordnung und Zusammenfassung von Informationen auch bei größtmöglicher Sorgfalt zwangsläufig verbunden ist: der intellektuellen Bevormundung durch diejenigen, die bei einem Ereignis dabei gewesen sind. Wer eine Pressekonferenz in voller Länge verfolgt, wird dadurch mehr Details erfahren als aus jedem noch so ausführlichen Artikel.

Gelegentlich wäre es sogar schlicht arrogant, Live-Bilder nicht zu senden – beispielsweise bei den Terror-Anschlägen auf das World Trade Center. Journalisten wurden davon ebenso überrascht wie der Rest der Welt, und sie konnten zunächst gar nichts zur Erhellung der Lage beitragen. Vor diesem Hintergrund und angesichts der sofort erkennbaren, großen politischen Bedeutung der Ereignisse wäre es einer Zensur gleichgekommen, mit der Ausstrahlung der Aufnahmen zu warten. Ganz abgesehen davon, dass solche Überlegungen in Zeiten des sich verstärkenden Konkurrenzkampfes internationaler Fernsehstationen ohnehin rein theoretischer Natur sind.

Aber die genannten Beispiele lassen sich mit der abgefilmten Recherche von Brent Sadler nicht vergleichen. Im Unterschied zu diesen hat er selbst das Ereignis inszeniert, über das er live berichtet hat. Damit ist nicht die Recherche als solche gemeint, von der er zu Beginn der mehrstündigen Übertragung nicht wissen konnte, ob sie interessante, berichtenswerte Ergebnisse erbringen würde. Die Sendung bezog ihren Reiz aus einer einzigen Frage: nämlich der, ob Sadler mit heiler Haut davonkäme. Wäre der Korrespondent vor laufender Kamera ums Leben gekommen, dann wären die entsprechenden Bilder tagelang rund um den Erdball gesendet worden, ohne dass dies zum Verständnis der Lage im Irak irgendetwas beigetragen hätte. Mit Journalismus hat das nichts mehr zu tun. Nur mit spannender Unterhaltung.

Belege dafür liefern ausgerechnet die Fans des CNN-Korrespondenten selbst. In einem Chat-Forum klagte ein US-Fernsehzuschauer, der sich keine Minute der Sadler-Reportage entgehen ließ: Wegen des Zeitunterschieds zwischen den Vereinigten Staaten und dem Kriegsgebiet passiere »all das gute Zeug mitten in der Nacht, und ich bekomme nicht genug Schlaf«. Mitfühlender Vorschlag eines anderen Forum-Teilnehmers: Er solle die Sendungen doch auf einen Videorekorder aufnehmen und morgens anschauen. Daran habe er auch schon gedacht, kam die Antwort, aber er bräuchte dann eine Kamera, die fünf oder sechs Sender gleichzeitig aufnehmen könne. Wegen der Fülle der Nachrichten, die sich voneinander substantiell unterscheiden? Oder wegen der Action, die über den Bildschirm flimmert?

Der Graben zwischen Information und Unterhaltung in den USA ist schmal. Das Pentagon nutze die US-Militärserie »JAG« als »Instrument der Politik in Kriegszeiten«, befand 2002 die *New York Times*. Seit Jahren dürften die Fernsehleute an Originalschauplätzen drehen und bekämen militärisches Gerät zur Verfügung gestellt. Mehr noch: Ein Serienautor habe Einzelheiten über die Planung der umstrittenen Militärtribunale für mutmaßliche Terroristen erfahren – und zwar zwei Wochen, bevor US-Verteidigungsminister Donald Rumsfeld die entsprechenden Informationen öffentlich verkündete. Das, so die New York Times, sei ein erstaunlicher Beweis dafür, dass Hollywood vom Pentagon im Zusammenhang mit der Imagepflege mindestens genauso ernst genommen werde wie die Nachrichtenmedien. »Wenn nicht sogar mehr.«

Vergleichbares wäre in Deutschland unvorstellbar? Ja. Ein Minister, der Drehbuchschreibern politische Exklusiv-Informationen zukommen ließe, bekäme in der Bundesrepublik ein Problem. Das bedeutet allerdings nicht, dass es hier für derlei Unterhaltungsstoff kein Publikum gibt. Seit 1996 wird die Fernsehserie, die in der deutschen Fassung den bezeichnenden Untertitel »Im Namen der Ehre« trägt, von Sat 1 ausgestrahlt. Einige Folgen sind bereits viermal gezeigt worden und haben sogar in der dritten Wiederholung immerhin noch rund acht Prozent der als werberelevant erachteten Zielgruppe der 12- bis 49-Jährigen erreicht.

In einem Unterhaltungsformat lassen sich subtile (und auch weniger subtile) Botschaften transportieren, die in einer Informationssendung keinen Platz hätten. In der Folge »Blutige Entscheidung« zum Beispiel diese: »Politiker und Reporter haben die Miesmacherei des Militärs zu einer Kunstform entwickelt.« Sagt ein US-Colonel. Der erkennbar verbittert ist, weil »unsere Führer ihre politischen Interessen über das stellen, was richtig ist«. Anders ausgedrückt: »Während unsere Leute abgeschlachtet wurden, haben die Politiker nur verhandelt.«

Worum ging es? Grausame Rebellen hielten auf Haiti einige Marines gefangen, die sie misshandelten und der Reihe nach ermordeten. Die US-Soldaten waren in einem humanitären Auftrag unterwegs. Sie sollten, wie der Colonel erklärte, »hungernde Menschen« versorgen. Die Rebellen aber – wen wundert's – wussten die edlen Motive nicht zu würdigen. Daher sah besagter Colonel keine andere Möglichkeit mehr, als einen Befehl zu missachten, der ihm auferlegte, das Ergebnis diplomatischer Bemühungen abzuwarten.

Bei der widerrechtlichen Befreiungsaktion kamen leider auch etwa 20 Frauen und Kinder ums Leben, was dazu führte, dass der Offizier sich vor einem Militärgericht verantworten musste. Es sah nicht gut für ihn aus, bis ihn dann die haitianische Mutter eines getöteten Kindes entlastete. Sie erzählte dem Gericht, wie ein Rebell ihren Sohn als lebenden Schutzschild missbraucht hatte – und sie machte die USA nur für eine einzige Sache verantwortlich: dass sie nämlich nicht früh und nicht hart genug durchgegriffen hatten. Das galt für alle, außer für den Colonel. »Endlich schickt er Soldaten, um uns zu helfen. Und nun wollen Sie ihn dafür bestrafen. Ich kann Ihr Land nicht verstehen. Können Sie es?«

Durchaus. Zumindest die Motive der Drehbuchautoren sind nicht so schwer zu durchschauen. Die haben sich halt eine Geschichte ausgedacht, mittels derer sich Hegemonialpolitik als moralisches Gebot verkaufen ließ – ob aus eigener Überzeugung oder als Auftragsarbeit von Lohnschreibern lässt sich nicht feststellen, ist aber vom Ergebnis her betrachtet auch ziemlich egal. Den Offizier in der geschilderten Folge der Serie ließen die Autoren übrigens am Ende ohne Strafe davonkommen. Die Botschaft war unmissverständlich: Verhandlungen und Diplomatie sind etwas für Weicheier. Wahre Männer tun, was sie tun müssen. Sie schießen.

Das klingt vertraut. In der Tat erinnert der größte Teil dessen, was sich im Rahmen von pseudonachrichtlichen Kriegsshows und Unterhaltungsformaten in den USA als militaristisch definieren lässt, an die Propaganda vergangener Kriege. Das Strickmuster ist stets dasselbe: Es gibt Helden, die meist Einzelkämpfer sind, und es gibt Feiglinge. Die Helden zeichnen sich regelmäßig dadurch aus, dass sie unabhängig agieren, ihrer eigenen Moral folgen und einem übergeordneten Wert – Nation, Menschenrechte, Ehre, um nur drei mögliche Beispiele zu nennen – größere Bedeutung beimessen als allem anderen, auch als der Meinung ihrer Vorgesetzten. Das hat zwar mit der Realität des soldatischen Berufes wenig zu tun, wirkt aber im Fernsehen meist sehr sympathisch.

Inhaltlich sind sich die Protagonisten einer Sichtweise, die Krieg als legitimes Mittel der Politik definiert, also treu geblieben. Formal haben sie die Propaganda der technischen Entwicklung und den veränderten Sehgewohnheiten der Zuschauer angepasst und inzwischen sogar einen neuen, wenngleich noch nicht sehr weit verbreiteten Begriff für dieses Genre gefunden: Militainment. Die Mischung aus Militär und Entertainment. Ich weiß nicht, wer auf diese Wortschöpfung gekommen ist, aber ich kann mir nicht vorstellen, dass diese Person jemals einen Krieg erlebt hat. Wer den Gestank, den Dreck, die Wut, die Angst und die Trauer, die mit jeder militärischen Auseinandersetzung unausweichlich verbunden ist, auch nur in einer beobachtenden Rolle über einen längeren Zeitraum hinweg aus der Nähe mitbekommen hat, dürfte den Begriff des Entertainment in diesem Zusammenhang für abwegig halten. Unabhängig davon, ob er oder sie den jeweiligen Krieg als unvermeidlich betrachtet.

Auch wenn die Serie »JAG« von einem deutschen Fernsehsender ausgestrahlt und der Ausdruck des »Militainment« inzwischen gelegentlich in der Bundesrepublik benutzt wird: Beides sind erkennbar Importprodukte. Die Stimmung und die Haltung gegenüber Militär und Krieg in der Bundesrepublik spiegeln sie nicht wider. Zwar hat sich die deutsche Öffentlichkeit in den letzten Jahren an den Gedanken gewöhnt, dass bestimmte politische Ziele angeblich nur mit Waffengewalt durchgesetzt werden können. Aber sie ist an diesen Gedanken durch regelmäßig wiederholte Äußerungen von Politikern gewöhnt worden, die den Eindruck nahe legten, Krieg sei eigentlich eine humanitäre Maßnahme.

Wenn man Militarisierung der Außenpolitik als eine Entwicklung definiert, in der die Rolle des Militärs gegenüber der Diplomatie kontinuierlich an Bedeutung gewinnt, dann lässt sich schwerlich bestreiten, dass die Gewichte in Deutschland in den letzten 15 Jahren entsprechend verschoben wurden. Außenminister Joschka Fischer stellte 2003 ein Buch des CDU-Politikers Wolfgang Schäuble vor. Im Rahmen dieser Veranstaltung sagte er einen bemerkenswerten Satz: »Sicherheit und Stabilität im 21. Jahrhundert sind nicht mehr nur durch Waffen herstellbar.«

Nicht mehr nur? So hätte das noch in den achtziger Jahren kein deutscher Politiker formuliert, weder in der Bundesrepublik noch in der damaligen DDR. Zu Zeiten des Kalten Krieges löste der Gedanke an Militäreinsätze regelmäßig Ängste vor dem Weltuntergang aus, nicht die Hoffnung auf einen Zugewinn an Sicherheit. Die beiläufige Bemerkung des Außenministers ist ein eindrucksvoller Beleg dafür, wie grundlegend sich das geändert hat. Es kann angenommen werden, dass Fischer alle Interpretationen, die seine Äußerung nahe legen, zurückweisen würde und dass er findet, spontan formulierte Sätze sollten nicht auf die Goldwaage gelegt werden. Aber eine Weltsicht offenbart sich eher in impulsiven Bemerkungen als in sorgfältig redigierten Interviews, die von Pressesprechern auf Verfängliches hin gegengelesen werden.

Allerdings sollte die Interpretation nicht zu weit getrieben werden. Auf Kriegslüsternheit oder auf Kriegstreiberei, wie einige Kritiker den jeweiligen Bundesregierungen wegen deren zunehmender Interventionsbereitschaft immer mal wieder unterstellen, lässt die Bemerkung nicht schließen. Nüchtern betrachtet, drückt sie lediglich etwas aus, was angesichts der deutschen Außenpolitik kaum überraschen kann: dass nämlich die überwältigende Mehrheit der Berufspolitiker die Anwendung von Waffengewalt längst wieder für eines von mehreren geeigneten Mitteln zur Stabilisierung einer Situation hält. Wie sich beim Kosovo-Krieg und beim Angriff auf Afghanistan, die beide mit deutscher Beteiligung stattfanden, konkret gezeigt hat.

Ob die parlamentarischen Mehrheitsverhältnisse in dieser Hinsicht einen einigermaßen repräsentativen Spiegel des Meinungsspektrums innerhalb der Bevölkerung darstellen? Die Einschätzung sei gewagt: Bei einer Meinungsumfrage, die genau diese Frage mit genau diesem Abstraktionsgrad stellte – nämlich: meinen Sie, dass Stabilität und Sicherheit durch Waffen hergestellt werden können? – wäre die Zahl derer hoch, die eine solche Möglichkeit prinzipiell verneinen. Vermutlich wäre es sogar die Mehrheit der Befragten.

Wer eine möglichst breite Zustimmung zu konkreten Militäraktionen wünscht, muss deshalb sowohl die Moral als auch die Gefühle ansprechen. Etwa so: Wollen Sie, dass in Somalia auch weiterhin Babys verhungern, oder finden Sie, dass dagegen mit allen verfügbaren Mitteln gekämpft werden muss? Oder: Sollte die Welt den Menschenrechtsverletzungen im Kosovo tatenlos zuschauen oder etwas dagegen unternehmen? Oder auch: Sind Sie der Ansicht, dass gegen ein Regime, das Terroristen unterstützt, notfalls mit Gewalt vorgegangen werden darf, oder gebietet das Völkerrecht, eine solche Regierung völlig ungehindert gewähren zu lassen? Es trifft zu, dass seriöse Meinungsforschungsinstitute ihre Resultate im Regelfall nicht auf derart platte Fragestellungen stützen. Hingegen trifft es nicht zu, dass auch die meisten Politiker vor so vordergründigen Alternativen zurückschrecken.

Man kann in solchen populistischen Argumentationslinien ein abstoßendes Beispiel für gezielte Manipulation des Meinungsklimas sehen. Wer dem sicherheitspolitischen Kurswechsel der letzten Jahre jedoch skeptisch oder gar ablehnend gegenübersteht, mag es durchaus tröstlich finden, dass die Akteure es auch weiterhin für nötig halten, zu solchen Mitteln zu greifen. Ob man der These von der Militarisierung der Außenpolitik nun zustimmt oder nicht: Von einer Militarisierung der Gesellschaft kann jedenfalls keine Rede sein.

Militainment

Die Bundeswehr gehört zu den öffentlichen Einrichtungen, die allen Umfragen zufolge seit Jahren ein unverändert hohes Ansehen genießen. Aber sie bringt keine Helden hervor und auch keine Legenden. Ob ein Politiker, der für ein hohes Amt kandidiert, nun »gedient« hat oder nicht: Kaum etwas könnte der Öffentlichkeit so gleichgültig sein. Daran hat sich nichts geändert, seit die Generation der »weißen Jahrgänge« – also jene, die nicht mehr zur Wehrmacht und noch nicht zur Bundeswehr eingezogen wurden, und für die sich die Frage folglich gar nicht stellte – allmählich von Jüngeren abgelöst wurde. Brandenburgs Innenminister Jörg Schönbohm hatte ein Leben als Berufssoldat hinter sich, in dem er es bis zum General brachte, bevor er in die Politik wechselte. Das scheinen weder seine Anhänger noch seine Gegner für ein Merkmal zu halten, mit dem sich im Parteienstreit punkten lässt.

Die Lage in den USA ist eine andere, wie sich auch an den Diskussionen über die Vietnam-Vergangenheit von George W. Bush und John Kerry während des Präsidentschaftswahlkampfes zeigt. Der Topos des militärischen Helden ist Bestandteil der Gründungsmythen der Vereinigten Staaten, und er hat bis heute nichts von seiner Bedeutung eingebüßt. Der anhaltende Wunsch von Teilen der Öffentlichkeit nach Personalisierung von politischen Vorgängen lässt sich in diesem Zusammenhang besonders leicht erfüllen, und deshalb wird hier auch regelmäßig die Schnittstelle zwischen Unterhaltung, Information und Propaganda kenntlich. Im Irak-Krieg trägt diese Personalisierung allerdings einen Namen, der künftig vor allem mit den damit verbundenen Manipulationen verknüpft sein wird: Jessica Lynch.

Das Schicksal der Gefreiten schien zunächst in der Realität all das zu beinhalten, woraus sonst in dieser Verdichtung nur erfolgreiche Fiktion gestrickt wird. Sie ist jung, sie ist hübsch, sie stammt aus einfachen Verhältnissen. In der Stunde der Not schien sie sich mit geradezu übermenschlichem Mut »bewährt« zu haben: Vor ihrer Gefangennahme nach einem Gefecht, bei dem ihre Kameraden ums Leben gekommen waren, habe sie, so wurde kolportiert, bis zur letzten Kugel gekämpft. Danach galt sie als vermisst, bis sie schließlich in einer dramatischen Rettungsaktion aus einem Krankenhaus im Südirak »befreit« werden konnte.

An dieser Geschichte, die US-Beamte und -Militärs lanciert hatten und die von Medien, auch von seriösen, begierig aufgegriffen worden war, stimmt so gut wie nichts, wie mittlerweile feststeht. Es wäre offenbar keineswegs nötig gewesen, die Soldatin auf spektakuläre Weise zu befreien. Sie befand sich nicht in einem Kerker, sondern in einer Klinik, wo sie nach allem, was inzwischen bekannt geworden ist, so gut versorgt wurde, wie es die schwierigen Umstände irgend erlaubten.

Als das US-Spezialkommando das Krankenhaus stürmte, gab es keinerlei Gegenwehr. Behandelt wurde Jessica Lynch nicht wegen Schussverletzungen, sondern wegen mehrerer Knochenbrüche, die sie vermutlich erlitten hatte, als ihr Fahrzeug verunglückte. Sie selbst erklärte, sie habe vor ihrer Gefangennahme keinen einzigen Schuss abgegeben, da ihre Waffe klemmte. »Ich bin keine Heldin«, erklärte die junge Frau, und an die Adresse des Pentagon richtete sie den Vorwurf: »Sie haben mich als eine Art Symbol missbraucht.«

Wenn jemand erst einmal zum Symbol geworden ist, dann braucht es mehr als ein paar Richtigstellungen, um das sorgfältig gezeichnete Bild der Wirklichkeit anzupassen. Die Heldin leide an Gedächtnisschwund, wurde rasch mitgeteilt, nachdem die Patientin aus dem Irak ausgeflogen worden war. Ihr Vater bestritt das wenig später: Sie erinnere sich an jedes Detail. Diejenigen, die ein Interesse daran hatten, das farbige Bild der Heroine nicht verblassen zu lassen, focht das nicht an. Auch weiterhin wurde behauptet, dass Narben, Krankenhausprotokolle und Geheimdienstinformationen auf brutale Misshandlungen und auf eine Vergewaltigung hindeuteten – die das Opfer selbst allerdings nicht bemerkt habe. Das junge Mädchen hatte nämlich angeblich »drei Stunden verloren«.

Ob das nun stimmt oder nicht, lässt sich von einem Schreibtisch in Berlin aus angesichts der Fülle einander widersprechender Angaben nicht überprüfen. Allerdings bedarf es keiner Neigung zur Verschwörungstheorie, um an dieser Stelle misstrauisch zu werden: Allzu nahtlos passt die angebliche Vergewaltigung zur uralten westlichen Männerfantasie von der sexuellen Begierde, die dunkelhäutige Männer unweigerlich überfallen soll, sobald sie einer hübschen weißen Frau ansichtig werden. Ist diese Frau dann auch noch willenlos – beispielsweise infolge einer Bewusstlosigkeit – und wird »geraubt«, dann ist die Zahl der scheinbar zufällig bedienten Klischees allmählich selbst für Gutgläubige ein bisschen zu hoch. Zumal dann, wenn andere Teile der abenteuerlichen Erzählung bereits nachweislich als Märchen entlarvt worden sind.

Jessica Lynch ist eine Amerikanerin, die in den Irak geschickt worden war. Hätte sie auch eine Deutsche sein können, unterwegs in Afghanistan? Kaum. Wie gesagt: Die Bundeswehr produziert keine Helden. Sogar die Soldaten, die bislang bei Auslandseinsätzen ums Leben gekommen sind, blieben Opfer ohne Biografie. Keine Mutter weinte auf den Seiten des *Stern*, keine schmerzerfüllte Ehefrau erzählte ihre Geschichte bei RTL. Angehörige der Toten wurden bislang in jedem einzelnen Fall vor den Medien abgeschirmt – eine bemerkenswerte logistische Leistung in einer Zeit, in der die öffentliche Abbildung von Trauer zum festen Bestandteil der Berichterstattung zahlreicher Medien gehört.

Hochrangige Offiziere der Bundeswehr und auch die politische Leitungsebene des Verteidigungsministeriums haben jahrelang befürchtet, die deutsche Öffentlichkeit werde auf gefallene oder tödlich verunglückte Bundeswehrsoldaten im Ausland mit einem radikalen Stimmungsumschwung selbst in solchen Fällen reagieren, in denen vorher eine deutliche Mehrheit der Bevölkerung eine Militäroperation befürwortet hatte. In der Annahme, »die ersten Zinksärge« würden die Bereitschaft zur Unterstützung von Interventionen dramatisch senken, waren sich Sicherheitspolitiker über Parteigrenzen hinweg weitgehend einig.

Wie sich inzwischen herausgestellt hat, haben sie sich getäuscht. Die Öffentlichkeit scheint es zwar für traurig, aber eben auch für erwartbar zu halten, dass Soldaten in Krisengebieten ums Leben kommen, und sie reagiert auf entsprechende Meldungen nicht anders als auf Nachrichten über tote Journalisten, Geschäftsleute oder humanitäre Helfer. Dennoch lässt sich die ungewöhnlich zurückhaltende Medienberichterstattung im Zusammenhang mit diesem Thema teilweise dadurch erklären, dass genau diese Zurückhaltung durchaus im Interesse der verantwortlichen Militärs und Politiker liegt.

Aber sie lässt sich damit eben nur teilweise erklären. Gäbe es ein überragendes Interesse an Informationen über tote Soldaten und ihr privates Umfeld oder auch an ausführlichen Reportagen über einzelne »unsrer Jungs«, die »irgendwo da draußen« ihren Dienst fürs Vaterland ableisten, dann ließen sich entsprechende Artikel nicht verhindern. Nicht in einer Gesellschaft, in der die – zumindest theoretischen – Prinzipien der Pressefreiheit inzwischen doch sehr fest verankert sind und in der außerdem Journalisten bereit sind, die ökonomischen Wünsche ihrer Auftraggeber – Quote! Auflage! – so weit wie möglich zu berücksichtigen.

Dieses öffentliche Interesse gibt es jedoch nicht. Militärs gelten in Deutschland nicht als sexy, und zwar weder als Sieger noch als Verlierer. Wie hieß der bislang letzte deutsche General, der das Kommando über die UN-mandatierte Internationale Schutztruppe in Afghanistan innegehabt hatte? Götz Gliemeroth. Schon mal gehört? Ist er verheiratet, hat er Kinder, welche Hobbys pflegt er? Das Publikum zeigt daran kein Interesse.

Die Militarisierung der Außenpolitik hat in Deutschland nicht zu einer Glorifizierung der Bundeswehr geführt, nicht zu einem Hurra-Patriotismus und auch nicht zu einer kritiklosen Akzeptanz so genannter soldatischer Tugenden. Das bedeutet nicht, dass es hierzulande an Militärkitsch fehlte. In der ARD lief im März 2004 ein Dokumentarfilm über die letzte Fahrt der »Lütjens«. Wer sich für die Marine begeistert, mag bei der Sendung feuchte Augen bekommen haben. Für andere Zuschauer dürfte deren Reiz eher in der unfreiwilligen Komik gelegen haben.

Wenn ein Soldat erklärt, »hier im Kesselraum« lägen »viele Emotionen drin«, dann bedarf es schon eines hohen Maßes an Empathie, um sich das Lachen zu verbeißen. Auch die in sentimentalem Timbre vermittelte Information, der »letzte deutsche Zerstörer« schleppe sich nun langsam in die Kieler Förde, muss nicht zwangsläufig Melancholie auslösen.

Die breite Öffentlichkeit steht solchen Filmen ebenso tolerant wie gleichgültig gegenüber. Sendungen wie die über die letzte Fahrt der »Lütjens« rufen keinen Sturm der Entrüstung hervor, keine jubelnde Begeisterung und ganz gewiss keine Kontroverse in den tonangebenden deutschen Feuilletons. Sie »versenden« sich irgendwie, um einen Branchenausdruck für Produktionen zu benutzen, die aus irgendeinem Grund ein kleines bisschen peinlich, aber so furchtbar wichtig dann auch wiederum nicht sind.

Ist eine beruhigendere, sachlichere Einstellung gegenüber Militärs und militärischen Themen vorstellbar? Immun gegenüber allen Heldendarstellungen, frei von militaristischen Neigungen, auch frei von Sentimentalität in dieser Hinsicht: Wenn eine Gesellschaft erst einmal diesen – ja: Reifegrad erreicht hat, dann müsste sie doch eigentlich allen Manipulationsversuchen im Hinblick auf militärische und sicherheitspolitische Fragen widerstehen können. »Militainment« dürfte eigentlich kein Thema sein. Ist es aber doch, denn so einfach liegen die Dinge eben nicht.

Eine innere Distanz zu traditionellen Formen der Propaganda ist nämlich nicht gleichbedeutend mit dem Verzicht auf Feindbilder und dem Wunsch nach Abschottung gegenüber allem, was als bedrohlich empfunden wird. Außerdem – und das ist mindestens ebenso wichtig – ist das Bedürfnis nach möglichst »interessant« gestalteten Informationssendungen in einer prononciert zivilen Gesellschaft nicht geringer als andernorts. Wobei »interessant« in diesem Zusammenhang häufig nur eine schönfärberische Bezeichnung für »unterhaltend« ist.

Unterhaltung setzt sich immer aus mehreren Elementen zusammen, die im richtigen Mischungsverhältnis zueinander stehen müssen. Das gilt vor allem für Spannung, Überraschung und Gefühl. Im Zusammenhang mit der Berichterstattung über Kriege und Krisen ist es regelmäßig die militärisch überlegene Seite, die den höheren Unterhaltungswert zu liefern imstande ist. Elend ist statisch und langweilig. Erfolge sind dynamisch und wecken Neugier auf die weitere Entwicklung.

6

Stummes Leid

Zwischen dem ersten Angriff von US-Truppen auf Bagdad im März 2003 und der Eroberung der irakischen Hauptstadt lagen drei Wochen. Die Ausheilung einer auch nur mittelschweren Verletzung kann leicht drei Monate in Anspruch nehmen, gegebenenfalls sogar Jahre. Kein Reporter dieser Welt hat die Zeit, den Fortschritt von Rehabilitationsmaßnahmen detailliert zu dokumentieren – und kein Publikum möchte darüber jeden Tag aufs Neue informiert werden. Der militärische Verlauf eines Krieges ist eine öffentliche Angelegenheit. Die Beseitigung seiner gesundheitlichen Folgen für Einzelne, so sie denn überhaupt zu beseitigen sind, bleibt meist Angehörigen und Medizinern vorbehalten. Ohne dass dabei sonst noch jemand zuschaut.

Das kann man ungerecht finden. Aber wie sollte es sich ändern lassen? Jede Nachricht hat, unabhängig von ihrem Inhalt, wenigstens eine Anforderung zu erfüllen: Sie muss eine neue Information enthalten, die zumindest von einer Teilöffentlichkeit für wissenswert gehalten wird. Deshalb bleiben Opfer sowohl im wörtlichen wie auch im übertragenen Sinne auf der Strecke.

Das gilt nicht nur für verletzte Überlebende, deren mühsame klinische Fortschritte sich für Nachrichtensendungen nicht eignen, sondern das gilt sogar für Todesopfer. Jedenfalls dann, wenn sie in hoher Zahl zu beklagen sind. Jugoslawien, Afghanistan, Irak: Im Vorfeld jedes einzelnen dieser Kriege hatten Militärs auf die faszinierende Treffsicherheit ihrer Waffen hingewiesen und sich darum bemüht, alle Befürchtungen hinsichtlich der zu erwartenden zivilen Opfer zu zerstreuen. Dann kam es stets, wie es kommen musste. Bomben trafen Kinder, Greise, Mütter. Aufmarsch internationaler Kamerateams. Aufnahmen verzweifelter Hinterbliebener, blutender kleiner Jungen und Mädchen, riesiger Kinderaugen, in denen sich der ganze Schrecken des Krieges zu spiegeln schien. Auch beim zweiten »Kollateralschaden« wurden Beerdigungen und Krankenhäuser gezeigt. Selbst beim dritten, beim vierten und beim fünften. Irgendwann jedoch wurden die entsprechenden Nachrichten zu Kurzmeldungen, und schließlich verschwanden sie ganz. Nicht deshalb, weil es den Korrespondenten an Mitgefühl fehlte. Sondern deshalb, weil es nichts substantiell Neues mehr zu berichten gab.

Die Eroberung eines strategisch bedeutenden Ortes ist für Befürworter wie für Gegner eines Krieges gleichermaßen von Interesse, auch der Fall der nächsten Stadt ebenso wie anhaltender Widerstand in einer dritten. All diese Informationen verändern eine Situation, aus militärischen Entwicklungen lassen sich außerdem oft Schlussfolgerungen und Analysen ableiten, die über die unmittelbare Aktualität hinausweisen. Für Berichte über das Elend einer Zivilbevölkerung gilt das nicht. Die sechste Reportage aus einer Klinik, in der Verwundete behandelt werden, hat keine andere Botschaft als die erste. Nämlich die, dass Wehrlose leiden.

Es gibt ganz gewiss viele Zuschauer und Leser, die der Ansicht sind, das könne nicht oft genug erwähnt werden. Aber hören sie selbst auch jedes Mal zu und lesen sie die entsprechenden Artikel? Oder sind sie irgendwann – vielleicht sogar relativ schnell – der Meinung, dass sie all das ohnehin wissen und dass entsprechende Informationen überwiegend für andere bestimmt sind?

Die Abstumpfung gegenüber menschlicher Not scheint universal zu sein und unabhängig von politischen Interessen und Überzeugungen. Der Mechanismus wirkt im Zusammenhang mit Berichten über Vertriebene oder Hungernde ebenso wie bei Reportagen über die Lage der Zivilbevölkerung in einem Kriegsgebiet. Je ähnlicher die Lebensverhältnisse der Betroffenen unseren eigenen sind, je eher sich das Publikum also in deren Lage einfühlen kann, desto länger lässt sich die Aufmerksamkeit wach halten. Auch erwecken Kinderschicksale immer in besonderer Weise das Mitgefühl der Öffentlichkeit. Nach spätestens einigen Wochen jedoch schwindet das Interesse immer und in jedem Falle.

Wer eine Militärintervention mit humanitären Argumenten begründen möchte, hat deshalb ein schmales Zeitfenster zur Verfügung, innerhalb dessen Fakten geschaffen werden müssen, soll nicht die Unterstützung der eigenen Bevölkerung verloren gehen. Wer hingegen nicht möchte, dass die Leiden einer Zivilbevölkerung im Mittelpunkt der öffentlichen Aufmerksamkeit stehen, muss nur eines tun: abwarten.

Im Zusammenhang mit der Berichterstattung aus Krisenregionen gibt es kaum eine vergleichbar schwierige Aufgabe wie die, den Opfern über einen längeren Zeitraum hinweg eine Stimme zu verleihen. Das gilt sogar dann, wenn das Gemetzel an Zivilisten die eigentliche Nachricht ist wie 1994 beim Völkermord in Ruanda. »Ein Toter ist eine Serie wert, tausend Tote sind eine Kurzmeldung.« Dieser alte, scheinbar zynische Journalistenspruch spiegelt vor allem ein Gefühl wider: Hilflosigkeit.

Der Anblick von aufgeblähten Leibern, angespült an Flussufern, der süßliche Geruch von verwesendem Fleisch, das Knacken eines menschlichen Knochens, auf den man versehentlich getreten ist: All das ist widerlich, zutiefst empörend und schockierend. Mitleid aber erregt es nicht. Dafür erinnert die physische Konsistenz der Toten allzu wenig an die der Lebenden, die über sie zu berichten haben. Leichen, die in Massengräbern verscharrt werden, haben keine Eltern, keine Kinder, keine Freunde. Sie bleiben namenlos. Wie oft können Massaker, die sich aus der Entfernung auf schreckliche Weise gleichen, beschrieben werden? Wie lässt sich der Augenblick, in dem sich bei Außenstehenden das Entsetzen in müde Gewöhnung verwandelt, möglichst lange hinauszögern? Es ist ja nicht einmal das Gefühl des Ekels ohne weiteres zu vermitteln. Bildschirme und Zeitungen stinken nicht.

Erschütterung wird nicht durch immer höhere Zahlen von Toten und Verwundeten hervorgerufen, sondern durch die Möglichkeit der Identifikation mit den Opfern. Das ist – neben der evidenten politischen Bedeutung – einer der Gründe dafür, dass Terroranschläge in Großstädten vor allem in Industrieländern wie der Bundesrepublik regelmäßig auf besonderes Entsetzen stoßen. In einem brennenden Hochhaus auf den sicheren Tod warten zu müssen oder morgens bei der Fahrt zur Arbeit in einem Vorortzug von einer Bombe schwer verletzt zu werden: Es fällt Bewohnern westlicher Staaten nicht schwer, sich in die Gefühle der Betroffenen hineinzuversetzen.

Selbst der Bürgerkrieg auf dem Balkan, so unfassbar die dort begangenen Verbrechen vielen auch zu sein schienen, bot noch Anknüpfungspunkte für diejenigen, die in friedlichen europäischen Ländern lebten. Sie fände es besonders verstörend, dass die Einfamilienhäuser in Bosnien genauso aussähen wie die in Deutschland, sagte eine Freundin in einer norddeutschen Kleinstadt. Vertraute Bilder legen den Gedanken nahe: Das könnte auch hier passieren, und wir empfänden dabei dasselbe wie jetzt die Bevölkerung im Kriegsgebiet.

Aber wie ist das, wenn Menschen, die sich äußerlich deutlich von uns unterscheiden, in einem afrikanischen Zwergstaat zu Tausenden mit Macheten abgeschlachtet werden? Im Zusammenhang mit dem Völkermord in Ruanda ist – wie bereits früher bei anderen blutigen Ereignissen in Afrika – viel darüber gerätselt worden, worauf sich eine so große Bereitschaft zur Grausamkeit wohl zurückführen lässt. Es dauerte nicht lange, bis Begriffe wie »Kultur« und

»Mentalität« fielen, oft war auch von den »ganz anderen Lebensumständen und Prägungen« die Rede. Gerade so, als habe es keine deutschen Gaskammern gegeben und keine Massenvergewaltigungen auf dem Balkan.

Die Autorin Ulla Ackermann, die unter dem Titel »Mitten in Afrika« eine – wie sich später herausstellte: frei erfundene – Autobiografie über ihre angebliche Arbeit als Kriegsberichterstatterin veröffentlicht hat, fragte sich, »worin dieses Etwas besteht, dieses Andersartige der afrikanischen Mentalität«. Anders ausgedrückt: »Was ist dieses Etwas, das Afrikaner zu Tötungsmaschinen werden lässt?« Diese Sätze haben in dem angesehenen Verlag Hoffmann und Campe keine Alarmglocken schrillen lassen. Sie wurden einfach gedruckt.

Die Annahme, Leute auf anderen Kontinenten unterschieden sich von Europäern prinzipiell und grundsätzlich, kann sehr bequem sein. Fast niemand schaut gerne tatenlos zu, wenn andere leiden. Die Vorstellung ist erleichternd, dass die Geschehnisse für die jeweiligen Opfer weniger schlimm sind, als sie es für uns wären. Manche Akteure haben das für sich zu nutzen gewusst: »Für den Asiaten ist das Leben nicht so wertvoll wie für den Abendländer«, erklärte General William Westmoreland, damals Oberbefehlshaber der US-Truppen in Vietnam.

Eine solche Äußerung ist kein Einzelfall. »Hier im Irak zählt ein Menschenleben wenig«, teilte am 15. April 2004 ein Korrespondent aus Bagdad den Zuschauern des ZDF-Mittagsmagazins mit. Mehrfach haben mir UN-Soldaten und in einem Fall sogar ein Diplomat erläutert, dass und weshalb Afrikaner eben eine ganz andere Mentalität hätten als Europäer. Das einzelne Leben gelte ihnen nichts, und wer so viele Kinder habe, könne den Tod von einem leicht verschmerzen.

In Ruanda hat sich gezeigt, wie tief eine solche Überzeugung auch in Wohlmeinenden verankert sein kann. Das Blutbad dort lag noch kein Vierteljahr zurück, da befanden sich bereits ausländische Menschenrechtsorganisationen im Land, deren Mitarbeiter ihre Aufgabe darin sahen, für nationale Versöhnung einzutreten und zur Vergebung aufzurufen. Westliche Regierungen legten der neuen politischen Führung in Kigali eine generelle Amnestie nahe.

»Das ist eine Verhöhnung der menschlichen Rasse«, sagte dazu Faustin Twagiramungu, seinerzeit der neue Premierminister. »Amnestie? Kommt der Vorschlag, weil wir Afrikaner sind? Nach den Nazi-Verbrechern wird heute noch gesucht.« Twagiramungu gehört zur Mehrheitsethnie der Hutu. Aus deren Reihen kamen die Mörder. Bis heute wird häufig übersehen, dass auch Tausende von Opfern, vor allem demokratische Oppositionelle, aus dieser Bevölkerungsgruppe stammten. Wie denn überhaupt die Komplexität der Situation – ein weiteres Mal – unter den dramatischen Bildern von Leichenbergen verschwand.

In Ruanda hatte nicht nur ein Völkermord stattgefunden, sondern auch ein Bürgerkrieg. Wenn unterschiedliche Bezeichnungen für verschiedene Formen der Gewalt überhaupt für sinnvoll gehalten werden, dann muss gerade in diesem Zusammenhang sehr präzise differenziert werden. In einem Krieg – auch in einem Bürgerkrieg – können Zivilisten zwischen die Fronten geraten. Je nach Situation mag es die eine oder andere Seite sogar für wünschenswert halten, dass dieses Schicksal möglichst vielen Unbeteiligten widerfährt. Schließlich kann das in erheblichem Maße zur Demoralisierung der Gegner beitragen, vergrößert mithin die Aussichten auf eigene militärische Erfolge. Der Tod von alten Menschen, von Säuglingen oder von Behinderten ist in solchen Fällen allerdings kein Ziel an sich, sondern allenfalls Mittel zum Zweck. Dieses Kriterium unterscheidet eine militärische Auseinandersetzung von einem Völkermord, in dem die physische Vernichtung einer definierten Gruppe der Bevölkerung beabsichtigt ist.

Stummes Leid

Um den Hintergrund zu beleuchten, vor dem der Genozid in Ruanda stattfand, muss man die angeblich so fremde Mentalität der Bevölkerung dort gar nicht bemühen. Mit ökonomischen Ängsten und Zwängen lässt sich dieses Verbrechen keinesfalls rechtfertigen, aber durchaus erklären. Die Wurzeln des Konflikts in Ruanda reichen weit zurück. Die feudalistisch organisierten Tutsi herrschten jahrhundertelang über die bäuerlichen Hutu. Die Kolonialherren stärkten deren Stellung zunächst noch, wechselten jedoch den Kurs, als die Forderung nach Unabhängigkeit vor allem in den Reihen der besser ausgebildeten Tutsi lauter wurde. In Ruanda – anders als im benachbarten Burundi, das dieselbe Bevölkerungsstruktur aufweist und ähnliche Probleme hat, wenn auch mit umgekehrten Vorzeichen – wurden die Tutsi bereits 1959, drei Jahre vor der Unabhängigkeit, von der Macht vertrieben. Und nicht nur von der Macht: Schon damals kam es zu blutigen Massakern und zu einer Massenflucht, vor allem in das benachbarte Uganda.

Gelehrte streiten bis heute darüber, ob die Begriffe »Hutu« und »Tutsi« überhaupt eine andere als eine soziale Bedeutung haben – eine in abstrakter Hinsicht durchaus interessante Frage angesichts der Tatsache, dass im Laufe der Geschichte manche Hutu zu Tutsi »ernannt« worden sind und dass es auch Mischehen gab. Würde die patrilineare Zugehörigkeit nicht von allen Seiten akzeptiert, dann wäre eine eindeutige Zuordnung vieler Ruander zu einer der beiden Gruppen gar nicht möglich. Da sich jedoch die große Mehrheit der Bevölkerung selbst über diese Zuordnungen definiert, bleiben alle derartigen Überlegungen akademisch.

Seit der Unabhängigkeit regierten in Ruanda stets Hutu-Präsidenten. Den mehreren Hunderttausend Exilruandern wurde jahrzehntelang die Rückkehr in das besonders dicht besiedelte, landwirtschaftlich sehr intensiv genutzte Land verwehrt. Im Jahr 1990 fiel eine militärisch gut organisierte, von Tutsi dominierte Rebellenbewegung von Uganda aus in Ruanda ein, die unter anderem das

Ziel verfolgte, die Heimkehr der Exilruander zu erzwingen. Nach dreijährigem Bürgerkrieg wurde ein Friedensabkommen unterzeichnet, das dies garantieren sollte und außerdem eine Teilung der Macht sowie eine Verschmelzung der beiden Armeen vorsah.

In weiten Teilen der ruandischen Hutu-Bevölkerung löste die Entwicklung existenzielle Ängste aus. Soldaten fürchteten die Demobilisierung, Kleinbauern, die Felder von Exil-Tutsis bestellten, die Vertreibung. Viele Mitglieder der politischen Führungsschicht nährten derartige Sorgen, weil sie selbst die bevorstehende Schmälerung ihres Einflusses ablehnten. Die desolate wirtschaftliche Lage verschärfte die Situation zusätzlich: Um 40 Prozent fiel zwischen 1989 und 1993 das Bruttosozialprodukt pro Kopf der Bevölkerung – eine Folge der hohen Kriegskosten und des Verfalls der Weltmarktpreise für Kaffee, dem wichtigsten ruandischen Exportprodukt.

Zwei Monate vor der Ermordung des Präsidenten Juvenal Habyarimana hatte ich die Hauptstadt Kigali zum letzten Mal besucht. Bis heute ist ungeklärt, wer genau den Raketenanschlag auf das Flugzeug verübte, in dem Habyarimana saß und das makabererweise ausgerechnet im Garten seines eigenen Hauses abstürzte. Fest steht aber inzwischen, dass der Völkermord von langer Hand vorbereitet war, und alles deutet darauf hin, dass das Attentat auf den Staatschef – dem die Hardliner die Bereitschaft zur Teilung der Macht verübelten – das Signal zum Losschlagen war. Einen derart bestialischen Massenmord an der Tutsi-Minderheit und an demokratischen Hutu-Oppositionellen, wie er sich einige Wochen später ereignete, hätte ich damals für unvorstellbar gehalten. Unübersehbar war jedoch, dass die Atmosphäre bedrohlich war und offene Feindseligkeit in der Luft lag.

Als Fremde wurde man in Stadtvierteln misstrauisch beobachtet, durch die man früher unbesorgt und unbegleitet hatte laufen können. »Bleiben Sie nicht zu lange, ich stehe hier nicht gern«, sagte der Taxifahrer auf dem Weg zu einem Interview in einem kleinen Mittelklassehotel. In einem Außenbezirk der Stadt lag am Straßenrand eine Leiche. Der Fahrer schüttelte nur den Kopf und fuhr schneller. »Fragen Sie nicht.« Der Schwarzmarkt mit Gewehren und Granaten blühte, bewaffnete Überfälle – über deren möglicherweise politischen Hintergrund viele Gerüchte kursierten – waren an der Tagesordnung.

Keine noch so dramatischen Warnzeichen aber ließen erahnen, was wenig später geschah. Für die methodische Grausamkeit, mit der Menschen wochenlang systematisch abgeschlachtet wurden, fehlen mir bis heute angemessene Worte. Was Überlebende später über das Schicksal ihrer Familien erfuhren, war selbst für Zuhörer kaum zu ertragen, wenn sie davon erzählten. In einigen Fällen wurden die Opfer von ihren eigenen Angehörigen getötet.

Die gebürtige Ruanderin Marie-Claire Wiesenhofer hat einen Österreicher geheiratet und lebte zum Zeitpunkt des Völkermords in der Nähe von Graz, wo sie als Arzthelferin arbeitete. Von ihrer weitläufigen Verwandtschaft überlebte nur ein Cousin, der sich in einem nahe gelegenen Sumpfgebiet verborgen gehalten hatte. »Meine Schwägerin war eine Hutu. Sie hat sich mit ihren Kindern bei ihren Eltern versteckt. Aber ihre Onkel haben ihren Mann getötet, meinen Bruder, und sie haben ihre Kinder, Erik und Alphonse, der Mutter weggenommen und getötet, vor ihren Augen, und gesagt: Das ist eine schmutzige Rasse.« Der eineinhalbjährige Erik wurde mit dem Messer erstochen, der dreijährige Alphonse – noch lebend – in die Latrine geworfen, wo er starb.

Als die Arzthelferin knapp ein Jahr nach dem Massenmord erstmals wieder ihren Heimatort Buranga besuchte, habe ich sie begleitet. Die Szene war gespenstisch. Etwa 50 Dorfbewohnerinnen standen schweigend am Rand der schmalen, ungeteerten Straße und beobachteten die elegante Frau, die mit starrem Gesicht und zusammengepressten Lippen aus einem Geländewagen stieg. Eine nach der anderen näherte sich der Besucherin, drückte ihre Hand, umarmte sie, murmelte einige Worte. Marie-Claire Wiesenhofer erwiderte die Gesten mit kaum angedeuteten Bewegungen eines steif abgewinkelten Armes und einer leichten Neigung ihres völlig verkrampften Körpers. »Ich weiß, dass hier alle dazugehören«, stieß sie zwischen zusammengebissenen Zähnen hervor. »Aber ich muss mich zusammennehmen.«

Sie hatte sich auf Spurensuche begeben, wollte den Schauplatz des Geschehens mit eigenen Augen sehen, hatte gehofft, daraus irgendwelche Erkenntnisse ziehen zu können. Diese Hoffnung wurde enttäuscht. Es gab keine Spuren mehr. Innerhalb weniger Monate hatte die üppige Fruchtbarkeit des Landes alle sichtbaren Erinnerungen getilgt. Die Lehmhäuser der Ermordeten waren mit Äxten und Knüppeln systematisch dem Erdboden gleichgemacht worden. Nun wucherten Bäume, Büsche und Gras über den Ruinen. »Ich kann schon selbst kaum noch erkennen, wo hier früher jemand gewohnt hat«, meinte Marie-Claire Wiesenhofer. »Hier waren doch überall Häuser. Jetzt ist da nichts mehr, gar nichts.« Nur noch Hutu lebten in dem Ort, so sagte sie, und sie war überzeugt, dass auch die Mörder dort unbehelligt weiter wohnten. Alle Augenzeugen seien schließlich umgebracht worden.

Es ist nicht anzunehmen, dass das stimmt. Immerhin hatte es ja auch jemanden gegeben, der ihr vom Schicksal ihrer beiden Neffen berichtet hatte. Im ganzen Land folgte auf den Völkermord und den militärischen Sieg der vormaligen Rebellenbewegung eine Welle von Beschuldigungen, auch von unbegründeten Denunziationen und von Verhaftungen. Sogar zwölfjährige Knaben landeten im Gefängnis. Aber kann man mit einer Frau darüber streiten, die das erlitten hat, was Marie-Claire Wiesenhofer erleiden musste? Sie wollte nie wieder nach Buranga zurückkehren. »Was soll ich hier? Ich habe hier ja niemanden mehr. Ich habe nur die Feinde, die Mörder meiner Familie. Was soll ich mit denen? Diskutieren, lachen – wie früher?«

Journalisten sind mehrheitlich weder abgebrühter noch mitleidloser als andere Leute, und sie verfügen nicht einmal über bessere Nerven. Wenn man über Krieg, Völkermord, Flüchtlingskatastrophen und Hunger berichtet, dann muss man Mechanismen entwickeln, um solche Ereignisse nicht allzu dicht an sich herankommen zu lassen. Sonst kann man weder seine Arbeit tun noch im privaten Leben mitfühlend und bindungsfähig bleiben. Die Abwehrreflexe, die dem Wunsch nach eigener psychischer Entlastung entspringen, unterscheiden sich nicht grundlegend von denen der Öffentlichkeit, die Kriege und andere Katastrophen am Bildschirm verfolgt. Im Zentrum dieser Abwehr steht meist der Wunsch, sich von den Opfern innerlich zu distanzieren. Sie leben anders, sie fühlen anders, sie denken anders. Sie haben, um es knapp zu formulieren, »eine andere Mentalität«. Das funktioniert allerdings nur, solange die Toten anonym bleiben.

Etwa zwei Wochen nach Beginn des Völkermords in Ruanda wurden die meisten Angestellten des Ibis-Hotels in der südlich gelegenen Kleinstadt Butare massakriert. Genauer: Sie wurden bei lebendigem Leib in Stücke gehackt, wie Mitarbeiter des Internationalen Roten Kreuzes berichteten, die vergeblich versucht hatten, sich schützend vor sie zu stellen. Ein Angestellter der Hilfsorganisation, der sich auf der Durchreise in Nairobi befand, erzählte mir davon. Zusammen mit vier weiteren Kollegen hatte ich in diesem Hotel nur wenige Tage vor dem Blutbad übernachtet.

Sind wirklich alle tot? Auch der Barmann und der Kellner? Der Korrespondent von der Nachrichtenagentur AP, dem ich die Nachricht überbrachte, sah mich entgeistert an. Mit diesen beiden Männern hatte er bis spät in die Nacht hinein getrunken und herumgealbert, in einer seltsam euphorischen Stimmung, die vielleicht jener glich, von der Zeitzeugen der mittelalterlichen Pest berichtet hatten. »Plötzlich haben die Massaker ein Gesicht«, sagte der Kollege, der tagelang kaum etwas anderes getan hatte, als Nachrichten über die grauenvollen Morde in Ruanda zu sammeln und in der Welt zu verbreiten.

Der Kellner und der Barmann waren tot, und tot war auch Marie Nyanawumuntu. Sie war – und bleibt – das Gesicht, das die Massaker für mich hatten und haben. Die junge Frau, Mutter von drei Kindern, war in dem Hotel für die Reinigung der Zimmer zuständig gewesen. Ich hatte im Lauf der Jahre mehrfach dort übernachtet, und sie war immer ganz besonders freundlich und hilfsbereit gewesen. Es hatte sich ergeben, dass wir gelegentlich etwas länger ins Gespräch gekommen waren.

Als ich sie zum letzten Mal traf, tröstete sie mich. Kurz nach den ersten Massakern war ich in der Hoffnung nach Butare gereist, von dort aus Kigali erreichen zu können, um über die Lage zu berichten. Vor Ort erschien mir dann das Risiko allzu hoch, und ich beschloss, in das benachbarte Burundi zurückzukehren. Andere Ausländer, die in Südruanda lebten, beurteilten die Situation ähnlich, und wir bildeten einen Fahrzeugkonvoi. Da es mehr Autos als Führerscheinbesitzer gab, wurde ich gebeten, einen der Wagen zu steuern.

Rückblickend finde ich das absurd. Ein Land versinkt im Chaos, die Menschen werden zu Tausenden hingemetzelt – und wir verbringen mindestens eine halbe Stunde mit der Frage, ob alle, die technisch zur Führung eines Autos imstande sind, tatsächlich über eine gültige Fahrerlaubnis verfügen. Was haben wir eigentlich im Fall einer Verkehrskontrolle befürchtet? Ein Bußgeld? Das Bedürfnis, dass die vertraute Welt selbst noch im Augenblick des Untergangs vertrauten, beherrschbaren Regeln folgen möge, scheint unausrottbar zu sein.

Einige Ruander kämpften verzweifelt um eine Mitfahrgelegenheit, obwohl sie vermutlich spätestens an der Grenze zurückgewiesen worden wären. »Nehmen Sie mich mit!«, flehte einer den Besitzer des Hotels an. »Wie denn?«, fragte der erschöpft zurück. »Auf dem Dach.« Nicht einmal dafür gab es eine Chance. Es war schwierig, auch nur all diejenigen unterzubringen, die das Glück hatten, über die richtige Nationalität zu verfügen, um problemlos nach Burundi zu gelangen. Die Boote waren definitiv voll. Als Metapher ist dieser Ausdruck beliebt. Die Aggression, die ich seit diesem Erlebnis empfinde, wenn jemand diese Formulierung benutzt, ist vielleicht nicht gerecht. Vielleicht aber doch.

Marie stand die ganze Zeit über etwas abseits. Sie hätte ihre Kinder nie verlassen – das wusste ich schon aus früheren Unterhaltungen –, und man hätte ein Idiot sein müssen, um auch nur den Versuch zu unternehmen, in dieser Situation vier Plätze zu ergattern. Sie war keine Idiotin. Irgendwann ging ich zu ihr, um mich zu verabschieden. Das tut man in einer solchen Situation nicht ohne schlechtes Gewissen. Ich drückte ihr ein paar Dollar – wenn ich mich recht erinnere, waren es fünf – in die Hand. Billiger habe ich mich nie aus einer prekären Lage herausgekauft. (Aber bin ich die Einzige? Ist das hohe Spendenaufkommen in Deutschland für karitative Organisationen nur ein Ausdruck des Mitgefühls? Oder vielleicht auch eine moderne Form des Ablasshandels?) Marie nahm mich in den Arm und sagte beruhigend: »Vielleicht werden wir ja überleben.«

Sie hat also mich beruhigt, nicht etwa umgekehrt. Das finde ich bis heute beschämend. Und zugleich folgerichtig. Was hätte ich denn zu ihr sagen sollen? »Vielleicht werdet ihr überleben?« Ein solcher Satz ist unaussprechlich. Immerhin: Die Hoffnung gab es damals. Vielleicht können sie sich verstecken, vielleicht bleibt in Butare alles ruhig, vielleicht ist das Schlimmste schon vorbei. Es war nicht vorbei, es blieb nicht ruhig, und sie haben sich nicht verstecken können. Gemeinsam mit Marie Nyanawumuntu starben ihre drei kleinen Kinder.

Die Massaker hatten also ein Gesicht, und meine inneren Abwehrreflexe funktionierten nicht mehr. Aber ich habe es dennoch nicht vermocht, die Wucht und Brutalität des Geschehens auf eine Weise zu schildern, die ich als angemessen empfunden und die es auch meinen Leserinnen und Lesern unmöglich gemacht hätte, ihre Distanz beizubehalten. Ganz bestimmt gibt es literarisch begabte Kolleginnen und Kollegen, die dazu fähig gewesen wären. Bei ihnen handelt es sich jedoch um eine kleine Minderheit, zu der die allermeisten Korrespondenten nicht gehören.

Wir haben gelernt, Nachrichten zu erkennen, zu bewerten und zu verarbeiten, aber wir sind im Regelfall keine Schriftsteller. Wir sind Journalisten. Meine berufliche Qualifikation hat mich jedenfalls nicht in die Lage versetzt, eine Situation adäquat beschreiben zu können, die ein Missionar ausländischen Reportern gegenüber so zusammengefasst hat: »There are no devils left in hell. They are all in Ruanda.« Es gibt keine Teufel mehr in der Hölle. Sie sind alle in Ruanda.

Versagt haben in Ruanda nicht nur Reporter. »Angesichts eines Völkermords erklärt die Welt ihre Neutralität«, sagte Rony Brauman, der Gründer und langjährige Präsident der Hilfsorganisation »Médecins sans frontières« (Ärzte ohne Grenzen) bitter. Zutreffender lässt sich das, was geschah, nicht zusammenfassen. Fast 90 Prozent der 2 500 Blauhelmsoldaten, die zur Überwachung des Friedensabkommens in Ruanda stationiert gewesen waren, wurden sofort nach Beginn des Blutbads abgezogen. Die wenigen, die im Lande blieben, haben tapfer und verzweifelt versucht, so viele Menschen zu retten wie irgend möglich. Mehrere UN-Soldaten bezahlten diesen Einsatz mit dem eigenen Leben.

Der Weltsicherheitsrat schaute über Wochen hinweg tatenlos zu. In Resolutionen wurde sorgfältig vermieden, die Ereignisse als das zu bezeichnen, was sie waren: ein Völkermord. Stattdessen wurden die Bürgerkriegsparteien aufgefordert, die Kampfhandlungen einzustellen – was zu diesem Zeitpunkt bedeutet hätte, dass die Verfolgten, denen ja sonst niemand half, nicht einmal mehr die Hoff-

Stummes Leid

nung auf Rettung durch die Kräfte der Rebellenbewegung hätten haben können, deren Verhandlungserfolge und geplante Beteiligung an der Macht schließlich die Initialzündung für den Völkermord, verübt durch Kräfte des alten Regimes, gewesen waren.

Einige der Gründe für die internationale Passivität liegen auf der Hand: Das Scheitern der USA in Somalia – mit einer Aufgabe, die sie irrigerweise für leicht lösbar gehalten hatten – lag noch nicht lange zurück. Washington hatte nicht den Wunsch, sich innerhalb von kurzer Zeit zum zweiten Mal auf undurchschaubares Terrain zu begeben. Hinzu kam, dass eines der ständigen Mitglieder des Weltsicherheitsrates, nämlich Frankreich, das Regime in Ruanda lange unterstützt hatte. Ein afrikanischer Zwergstaat war zu diesem Zeitpunkt für einen offenen Konflikt zwischen den beiden westlichen Mächten nicht wichtig genug.

Erst am 23. Juni 1994, zweieinhalb Monate nach dem Tod von Präsident Habyarimana, kamen französische Truppen nach Ruanda und richteten im Südwesten des Landes eine Schutzzone ein. Zur Überraschung vieler Beobachter und auch regierungstreuer Milizen, die ihre vermeintlichen Verbündeten mit Spruchbändern begrüßt hatten, stellten sie sich nicht etwa dem militärischen Vormarsch der Rebellenbewegung in den Weg, sondern versuchten tatsächlich, dem Massenmord an der Zivilbevölkerung ein Ende zu setzen. Für Hunderttausende war es zu diesem Zeitpunkt jedoch bereits zu spät. (Die Tatsache, dass die französischen Soldaten wenig später zahlreichen Mördern zur Flucht ins benachbarte Zaire verhalfen, steht auf einem anderen Blatt.)

Welche Rolle haben die ausländischen Medien in diesem Zusammenhang gespielt? Offenbar keine entscheidende. Es dürfte damals keinen einzigen Korrespondenten und keine einzige Korrespondentin vor Ort gegeben haben, die nicht eine Intervention des Auslands herbeigesehnt und entsprechend berichtet haben. Bewirkt hat das wenig. Der Begriff der Intervention bedarf in diesem Zusammenhang übrigens einer genaueren Erläuterung. Ruanda ist meiner Ansicht nach ein besonders gutes Beispiel für die Möglichkeiten, aber auch für die Grenzen einer militärgestützten Einmischung von außen. Es wäre selbst bei Entsendung mehrerer Tausend UN-Streitkräfte nicht möglich gewesen, dem Töten sofort und überall ein Ende zu setzen, nachdem es einmal begonnen hatte. Da Massaker aus buchstäblich jeder Gemeinde des Landes gemeldet wurden – und die lokale Bevölkerung dort, wo sie zögerte, sich an den Morden zu beteiligen, von Milizen und Soldaten unter Druck gesetzt wurde –, hätte man neben jeden Baum einen Soldaten stellen müssen, um Tutsi und Hutu-Oppositionelle wirksam zu schützen. Das galt umso mehr, als das Regime noch lange glaubte, auf Unterstützung aus Paris rechnen zu können, und es für diese Annahme auch gute Gründe gab: Immerhin war Frankreich, das im Falle eines Sieges der anglophilen Rebellenbewegung eine Schwächung seines Einflusses in der Region befürchtete, der ruandischen Regierung in den Jahren zuvor mit Militärhilfe beigesprungen.

Die politisch verfahrene Situation in dem ostafrikanischen Kleinstaat hätte ein »Befreiungsschlag« von außen nicht entwirren können. Dieses hohe Ziel ist ja auch nirgendwo sonst erreicht worden, wo westliche Länder in den letzten Jahren mit Truppen interveniert oder Angriffskriege geführt haben: nicht im Kosovo, nicht in Afghanistan, nicht in Somalia, nicht im Irak. Soldaten können Diplomaten nicht ersetzen, auch wenn bei jeder Diskussion über eine neue Militäroperation von manchen ihrer Befürworter dieser Eindruck erweckt wird. Etwas aber können Soldaten sehr wohl tun, und dafür sind sie auch ausgebildet worden: In einem klar abgegrenzten, überschaubaren Areal das Leben von Zivilisten schützen – zumal dann, wenn diese Zivilisten mit so primitiven Waffen wie einfachen Gewehren oder gar Macheten hingemetzelt werden.

Während der Völkermord in Ruanda noch andauerte, habe ich einmal in einer Missionsstation am Rande der Kleinstadt Gitarama

Stummes Leid

übernachtet. Etwa 35 000 Männer, Frauen und Kinder hatten sich auf das Gelände der Kirche geflüchtet in der Hoffnung, dort Schutz zu finden. Jede Nacht wurden 20 bis 30 Opfer willkürlich aus dem Lager geholt und abgeschlachtet.

Sie könnten noch leben, hätte der Sicherheitsrat wenigstens die ursprünglich in Ruanda stationierten Blauhelmsoldaten dort belassen und sie mit einem Mandat ausgestattet, das es ihnen erlaubt hätte, den Mördern entgegenzutreten. Unzureichende Mandate waren übrigens mehrfach für das Versagen von UNO-Truppen in Krisengebieten verantwortlich – so häufig, dass sich die Frage aufdrängt, ob das Scheitern zumindest von einigen derjenigen gewünscht war, die diese Mandate erteilt haben. Immerhin muss heute infolge dessen niemand mehr Widerspruch befürchten, der die Nato zur einzigen Organisation erklärt, die dazu imstande ist, in einer umkämpften Region für Sicherheit zu sorgen.

Es sind also Menschenleben preisgegeben worden, die sich relativ mühelos hätten retten lassen. Alles, was über das nackte Leben hinausging, wäre indes ohne immensen Aufwand nicht zu schützen gewesen. Hätten wir, die aus Ruanda berichtenden Reporter, ein derart bescheidenes Ziel widerspruchslos hingenommen? Wie lange hätte es gedauert, bis wir verlangt hätten, auch die Häuser und der übrige Besitz der Verfolgten müssten gesichert werden? Den Kindern sei der Schulbesuch zu ermöglichen, für die Alten eine akzeptable medizinische Versorgung sicherzustellen? Das wären schließlich legitime Forderungen gewesen, sobald sich die Staatengemeinschaft endlich – endlich! – auf die Seite der wehrlosen Opfer gestellt hätte.

Legitim gewiss, aber eben auch teuer. Wer auch immer an dem Beschluss mitgewirkt hat, den Völkermord in Ruanda geschehen zu lassen: Mindestens einige der Beteiligten dürften sich Gedanken über die medienpolitischen Konsequenzen einer anderslautenden Entscheidung gemacht haben. Sie hätte mittelfristig eben nicht bedeutet, dass Reporter applaudiert hätten, weil endlich Leben gerettet wurde. Sondern sie hätte zwangsläufig weitergehende Forderungen nach sich gezogen. Mindestens die, dass die elementaren Grundrechte der Betroffenen garantiert werden müssen. Wenn man dazu außerstande oder auch nur nicht willens ist und deshalb in jedem Falle Kritik zu gewärtigen hat: Bleibt es sich dann, jedenfalls mit Blick auf den Imageschaden, nicht fast schon gleich, ob man gar nichts unternimmt – oder lediglich nicht genug?

Bis heute weiß ich nicht, welche Folgerungen aus solchen Überlegungen gezogen werden sollten. Gibt es Situationen, in denen wir – also die Reporterinnen und Reporter vor Ort – Abstriche machen sollten? Hätten wir gut daran getan, die UN-Charta der Menschenrechte zu relativieren? Kann man sich durch das Beharren auf internationalen Standards mitschuldig daran machen, dass Menschen sterben, die nicht sterben müssten? Oder bewirkt jede Vergrößerung der Toleranzbreite gegenüber Bedingungen, die aus guten Gründen von der internationalen Gemeinschaft als nicht hinnehmbar definiert worden sind, lediglich eine immer weitere Absenkung dessen, was Notleidenden zur Verfügung gestellt wird? Ich habe auf diese Fragen keine Antwort.

Es ist allerdings gut möglich, dass derartige Erwägungen im Zusammenhang mit allen Entscheidungen hinsichtlich des Völkermords in Ruanda keine entscheidende Rolle gespielt haben, sondern dass all diejenigen Recht haben, die dem Westen ohnehin unterstellen, er unterscheide zwischen Opfern erster und zweiter Klasse und habe die Toten des Völkermordes zwar bedauernd, aber doch achselzuckend zur Kenntnis genommen. Dafür spricht manches. Unter anderem der Umgang mit dem zehnjährigen Jahrestag des Genozids.

Die überwältigende Mehrheit der deutschen Medien widmete diesem Datum allenfalls einen Pflichtbeitrag irgendwo auf den hinteren Seiten der Zeitungen oder gegen Ende der Nachrichtensendungen.

7
Trauer und Erschütterung

Marie Nyanawumuntu ist tot. Ihrer Geschichte fehlt der Spannungsbogen, der bei der Öffentlichkeit nicht nur einen kurzen Schock, sondern anhaltendes Interesse auslöst. Sie war eben nicht vermisst, wurde irgendwann gefunden, begab sich auf die Suche nach ihren Kindern, die sie nach langen Irrfahrten endlich in die Arme schließen konnte. Nichts von alledem. Sie ist tot, ihre Kinder sind tot. Damit endet es. Über Tote lässt sich nichts Neues mehr berichten.

Spontan könnte man meinen, dass es im Zusammenhang mit allen Formen der Gewalt besonders einfach wäre, Entwicklungen anhand von Einzelschicksalen darzustellen, ein Thema also zu personalisieren. Für diese Annahme scheint auch zu sprechen, dass gelegentlich ein einziger Name, eine einzige Lebensgeschichte oder ein einziges Bild sich zu einem Symbol für das menschliche Leid von Tausenden verdichten – wie beispielsweise die berühmte Aufnahme des vietnamesischen Mädchens, das nach einem Napalm-Angriff schreiend die Straße entlangrennt.

Dennoch beweisen oft gerade die wenigen tragischen Fälle, die auch stellvertretend für andere vorübergehend in den Mittelpunkt der allgemeinen Aufmerksamkeit rücken, wie schwirig der journalistische Umgang mit dem Thema ist. Und wie leicht es ist, sich im Ton zu vergreifen. Das liegt unter anderem daran, dass mit öffentlicher Anteilnahme untrennbar die Hoffnung auf einen glücklichen Ausgang verbunden ist. Eine Familie, deren Wohnung zwei Tage vor Weihnachten abbrennt, wird nach entsprechender Berichterstattung in der lokalen Presse höchstwahrscheinlich mit Spenden, Spielzeug für die Kinder und auch Unterbringungsangeboten versorgt. Alles soll ganz schnell wieder gut werden: Dieser Wunsch steht Pate bei allen Geschichten über Schicksalsschläge. Im Zusammenhang mit gewaltsamen, kriegerischen Auseinandersetzungen kann er obszön sein.

Der damals zwölfjährige Ali Abbas hat am 29. März 2003 durch einen nächtlichen US-Raketenangriff auf Bagdad seine beiden Arme, seine Eltern und mehrere andere Verwandte verloren. Die Tatsache, dass Reporter auf ihn aufmerksam geworden waren, ermöglichte ihm die Ausreise zunächst nach Kuwait und dann nach Großbritannien, wo er Prothesen erhielt. Die Formulierung, er habe somit Glück im Unglück gehabt, ist zweifellos zutreffend – aber nur, solange die Betonung auf »Unglück« liegt.

Man kann darüber streiten, was kitschiger ist: Die Überschrift im *Berliner Kurier* weniger als fünf Monate nach der Katastrophe: »Kriegskind Ali: Sein Lächeln ist wieder da«. Oder die freundliche Anerkennung, mit der Fernsehmoderator Reinhold Beckmann einige Wochen später die Fortschritte würdigte, die der Junge dabei machte, seine Playstation mit den Füßen zu bedienen. Noch einmal zur Erinnerung: Das Kind hatte kurz zuvor seine Mutter, seinen Vater und seine beiden Arme verloren.

Es ist nicht nur die Öffentlichkeit, der es schwer fällt, die Realität und die Tragweite von Leiden zu erfassen. Den meisten Journalisten und auch Politikern geht es nicht anders. Sie haben nur besser gelernt, das zu verbergen. »Ich möchte gern selber mehr – spüren«, sagte ein junges Mädchen zögernd im ARD-Morgenmagazin kurz nach Beginn des Irak-Krieges zu einem Reporter, der sie nach ihrer Haltung zu den Ereignissen befragte. Weit weg sei der Krieg, sie könne sich nicht wirklich in die Lage hineinversetzen, meinte die etwa 18-jährige Schülerin, und sie sah dabei so aus, als sei ihr das unsäglich peinlich. Als ob sie einen Abgrund von Gefühlskälte in sich entdeckt habe.

Dabei war es ihr doch nur gelungen, inmitten eines Breis aus sentimentalem Geschwätz sehr ehrlich Stellung zu beziehen. Endlich hat einmal jemand öffentlich zugegeben, dass Bomben, die viele Tausend Kilometer entfernt fallen, den eigenen Gefühlshaushalt nicht vollständig durcheinander bringen. Für die Routiniers vor der Kamera gilt das genauso, aber sie bemühen sich redlich darum, den gegenteiligen Eindruck zu erwecken.

Telegene Rührseligkeit, die sich als tiefe persönliche Erschütterung tarnt, ist verlogen. Das lässt sich besonders gut daran ablesen, wie Fernsehmoderatoren die Übergänge von einem Beitrag zum nächsten gestalten. Häufig geht das schief. Auf der Liste meiner Favoriten nimmt ein Satz den ersten Platz ein, der im RTL-Frühstücksfernsehen während der US-Offensive im letzten Golfkrieg fiel: »Jetzt gehen wir weg vom Krieg und kommen zu den Prominenten.« Das hätten einige Iraker sicher auch gerne getan.

Ein besonders beliebter Aspekt der Berichterstattung über militärische Auseinandersetzungen ist seit Jahren die drohende Traumatisierung von Kindern durch den Krieg. Die Rede ist nicht von Traumata, die dadurch entstehen, dass man dabei ist, wenn der eigenen Mutter der Kopf von einer Bombe weggerissen wird oder wenn das Elternhaus krachend in sich zusammenstürzt. Nein: Ausführlich erörtert werden immer wieder die möglichen dramatischen Wirkungen von Nachrichtensendungen auf Kinder in friedlichen Teilen der Welt.

Traumatisiert, weil die Eltern den Abschaltknopf an der Fernbedienung nicht gefunden haben? Was geht eigentlich in Programmplanern vor, die ein solches Thema auf einer Konferenz durchwinken? Wie weit müssen sie von der Wirklichkeit des Schreckens entfernt sein? Ein Trauma resultiert aus einer ganz besonders schweren Erschütterung. Ohne die schädlichen Folgen unkontrollierten Fernsehkonsums von Kindern gering schätzen zu wollen: Es gibt Schlimmeres.

Ein anderes Indiz dafür, dass sich das – vorgebliche – Maß der eigenen Betroffenheit von Nachrichtensprechern und Moderatoren auch an Fragen der Opportunität orientieren kann, ist der Blick darauf, ob Regierung und Bevölkerungsmehrheit einen Krieg gerade gutgeheißen haben oder nicht. Somalia, Jugoslawien, Afghanistan, Irak und alle anderen Länder, in denen Krieg herrscht: Immer wieder erfahren wir, dass irrtümlich zivile Ziele bombardiert wurden und dass zivile Menschen dabei den Tod gefunden haben. Der Tonfall, in dem sowohl Militärs als auch Nachrichtensprecher derlei mitteilen, ist fast immer bedauernd. Er ist allerdings häufig ein bisschen weniger bedauernd, wenn das eigene Land selbst Kriegspartei ist.

Sobald das der Fall ist, dann meint man gelegentlich ein ganz leichtes geistiges Achselzucken wahrnehmen zu können. So, als ob neben der Information unausgesprochen die Bemerkung mitschwingt: »Was wollen Sie? So ist Krieg eben.« Das ist ja wahr. So ist Krieg eben. Weshalb er jahrtausendelang auch nicht für eine humanitäre Maßnahme, sondern für eine Geißel der Menschheit gehalten wurde.

Manchmal fällt das Bedauern sogar weg. »Zumindest in einem Fall« stimme »möglicherweise« die Behauptung der Taliban, der zufolge die US-Bomben auch Wohngebiete der Zivilbevölkerung träfen, erfuhren die Zuschauer im Oktober 2001 aus einer »heute«-Sendung des ZDF. »Laut CNN« sei ein Wohnviertel in Kabul bombardiert worden. Größer kann die Distanz zu einer Nachricht nicht sein, die man selbst für berichtenswert hält. Das Pentagon hatte die Meldung übrigens schon eine Stunde vor Beginn der »heute«-Sendung bestätigt. Ob beim ZDF niemand mehr dazu gekommen ist, mal auf die Ticker zu gucken?

Moderatoren verwenden oft viel Mühe darauf, dem Publikum zu erklären, wie es Ereignisse zu bewerten habe. Vier UN-Mitarbeiter starben in Afghanistan durch einen US-Marschflugkörper. Diese Nachricht »liefert natürlich Stoff für Propaganda«, wie ZDF-Redakteur Klaus-Peter Siegloch erläuterte. Dann sahen die Zuschauer einen alten Mann vor einer Trümmerwüste, der fragte, weshalb die USA diese Gegend bombardierten. Hier gebe es doch gar keine Militäranlagen. Gut, dass Siegloch vorab gesagt hatte, wie eine solche Äußerung einzuschätzen ist. Sonst hätte sich das Publikum diese Frage womöglich auch gestellt.

Der Oktober 2001 war für die afghanische Bevölkerung ein gefährlicher Monat. Mehr als 2 000 Bomben und Raketen wurden US-Angaben zufolge bei täglichen Angriffen eingesetzt. 60 militärische Anlagen der Taliban sollen dabei getroffen worden sein. Allerdings auch andere Ziele. Ein Marineflugzeug warf versehentlich 500-Kilo-Bomben auf Depots des Internationalen Roten Kreuzes in Kabul ab. Ein Lagerhaus mit Hilfsgütern wurde zerstört, ein Mitarbeiter schwer verletzt.

Die großen Städte des Landes wurden damals innerhalb weniger Wochen eingenommen, eine Tatsache, die vor allem Kriegsgegner überraschte. Das wiederum ist ebenfalls überraschend. Schließlich war dasselbe schon Jahre früher der Sowjetunion gelungen, ohne dass dies gleichbedeutend gewesen wäre mit einer Eroberung des Landes. Bis heute herrscht in Afghanistan kein Frieden. Islamisten operieren auch weiterhin in der Region, lokale Kriegsfürsten tragen Machtkämpfe aus, und das US-Militär bombardiert. Nach wie vor gelegentlich die falschen Ziele.

Mitte Januar 2004 sollen zehn Zivilisten bei einem Luftangriff auf ein afghanisches Dorf getötet worden sein. Das erklärte Präsident Hamid Karsai, und diese Tatsache zeugt von einer bemerkenswerten Entschlossenheit zur inneren Unabhängigkeit. Denn Karsai ist ein Staatschef von des Westens Gnaden – und dennoch hat er es mit dieser Äußerung gewagt, US-Angaben zu widersprechen. Die besagten, es seien bei der Attacke lediglich fünf Untergrundkämpfer ums Leben gekommen. Karsai betonte hingegen, eine Untersuchung des Innenministeriums habe ergeben, dass Frauen und Kinder gestorben seien.

Unwahrscheinlich ist das nicht. Nur wenige Wochen zuvor, im Dezember 2003, waren bei zwei Luftangriffen der US-Truppen im Osten des Landes 15 Kinder getötet worden, und Afghanistan ist keine Ausnahme. Informationen von Human Rights Watch zufolge hat der Einsatz von Streubomben in dicht besiedelten Gebieten des Irak dazu geführt, dass allein bis Ende letzten Jahres mehr als eintausend Zivilisten getötet oder verletzt wurden. Der Bericht der Menschenrechtsorganisation besagt, dass britische und US-amerikanische Streitkräfte etwa 13 000 Streubomben verwendet haben, die bis zu zwei Millionen so genannte Submunitionen enthielten.

Die Probleme werden den Irakis lange erhalten bleiben. Submunition von Streubomben, die nicht explodiert, entfaltet etwa dieselbe Wirkung wie eine Landmine – es ist also eine Waffe, die ihre Opfer noch Jahre später wahllos und zufällig treffen kann. Derzeit sind zurückhaltenden Schätzungen zufolge etwa fünf Prozent der verwendeten Munition Blindgänger. Das bedeutet, dass mindestens 100 000 Todesfälle in der Region lauern, und zwar ganz unabhängig davon, wann dort Frieden einkehren wird und ob eine neue Regierung in Bagdad die Menschenrechte beachtet oder nicht.

Human Rights Watch hat sich erkennbar darum bemüht, allzu einfache Schuldzuweisungen zu vermeiden. Direktor Kenneth Roth betonte in einem *taz*-Interview ausdrücklich, die US-Luftwaffe habe offenbar Konsequenzen aus der Tatsache gezogen, dass im Jugoslawien-Krieg etwa ein Viertel der getöteten Zivilisten durch den Einsatz von Streubomben ums Leben gekommen sei. Sowohl in Afghanistan als auch im Irak habe sie in dicht besiedelten Regionen fast völlig auf diese Waffe verzichtet.

Aber was für die Luftwaffe zutraf, galt nicht für die Bodentruppen. Die feuerten Streumunition aus Artilleriegeschützen direkt in Wohngebiete. Was kann der Grund für diesen Widerspruch sein? »Es scheint, als hätten Luftwaffe und Army einfach nicht miteinander geredet«, meint Roth. Man möchte gerne glauben, dass die Erklärung so schlicht doch wohl nicht sein kann.

Auszuschließen aber ist das nicht, gerade im Lichte der jüngsten Erkenntnisse. Wenn nicht einmal die Geheimdienste und die Regierung eines Landes störungsfrei miteinander kommunizieren können – um den Streit über die Existenz irakischer Massenvernichtungswaffen einmal so wohlwollend wie möglich zu interpretieren –, dann ist nicht einzusehen, weshalb die Kommunikation zwischen verschiedenen Teilstreitkräften besser funktionieren sollte. Pech für die davon betroffene Bevölkerung.

»Wollen die Amerikaner eigentlich Terroristen bekämpfen oder wollen sie neue Terroristen schaffen?« Mit dieser Frage wurde nach den massiven Bombenangriffen im Oktober 2001 ein 41-jähriger ehemaliger Lehrer in Kabul von einem Korrespondenten der Nachrichtenagentur AFP zitiert. Sie ist so oder ähnlich schon häufiger gestellt worden. Dennoch aber stehen die Gefühle derjenigen, die unbeteiligt zu Opfern von Gewalt geworden sind, keineswegs im Mittelpunkt der meisten politischen Analysen und Leitartikel in der Bundesrepublik, sobald ein Krieg erst einmal begonnen hat.

Ob man etwa der Ansicht sei, die afghanische Bevölkerung habe den Sturz der Taliban anders denn als Befreiung erlebt oder die irakische Bevölkerung sei nicht mehrheitlich glücklich über die Vertreibung und spätere Gefangennahme von Saddam Hussein, lautet eine häufige Reaktion auf entsprechende Fragen in diesem Zusammenhang. Als ob die Gefühle von Menschen stets einer strengen Logik folgten. Als ob sie sich ausgerechnet in einem Krieg verallgemeinern ließen – als ob nämlich Eltern, die ihr Kind durch einen Bombenangriff verloren haben, dasselbe empfänden wie jemand, der danach lediglich die Fensterscheiben ersetzen musste. Als ob es nicht möglich wäre, sowohl einen Diktator als auch eine Besatzungsmacht zu verabscheuen. Als ob die Schrecken der Gegenwart nicht fast immer größer zu sein scheinen als die Schrecken der Vergangenheit. Und als ob Menschenrechtsverletzungen gegeneinander aufgerechnet werden könnten.

Für Militäroperationen in Afghanistan gab es von Anfang an ein Argument, das für alle – außer für überzeugte Pazifisten – schwer zu entkräften war: Es war wünschenswert, eine Regierung, die offen den Terrorismus unterstützte, so nachhaltig zu bestrafen, dass keine andere das jemals mehr wagen würde. Wie sonst sollte das möglich sein außer mit militärischer Gewalt, zumal gegenüber einem Regime, das diplomatisch und ökonomisch weltweit isoliert war, dem gegenüber entsprechende Drohungen also keine Wirkung mehr zeigen konnten?

Um diese Frage ist es im Afghanistan-Krieg im Kern stets gegangen. Deren redliche Erörterung hätte eine Abwägung gegenüber völkerrechtlichen Aspekten und der Überlegung ermöglicht, ob sich Terrorismus allein aus einer Position der militärischen Stärke heraus besiegen lässt oder ob seine Gegner nicht auch einer moralisch überlegenen Position bedürfen. Die sich durch Flächenbombardements selbst diskreditiert.

Dieser Diskussion sind die Befürworter der Angriffe, Politiker ebenso wie Journalisten, weitgehend ausgewichen. Sie haben stattdessen den einfacheren Ausweg gewählt, das Kriegsziel mehrfach umzudefinieren. Bis irgendwann der Eindruck entstand, es sei der Antiterrorkoalition nicht zuletzt darum gegangen, die afghanischen Frauen von der traditionellen Burka zu befreien. Kurzfristig ist das ein gelungener Taschenspielertrick. Langfristig birgt ein solches Vorgehen unkalkulierbare Gefahren in sich.

Es ist keine neue Erkenntnis, dass Gewalt oftmals neue Gewalt gebiert. Dennoch scheint sie bei allen Erwägungen, ob und wann

Trauer und Erschütterung

der Einsatz militärischer Mittel notwendig, legitim oder sinnvoll ist, eine nur untergeordnete Rolle zu spielen. Obwohl sich doch die Situation kontinuierlich verschärft: Gezielte Anschläge auf so genannte »weiche Ziele« – Mitarbeiter internationaler Hilfsorganisationen, ausländische Touristen, inländische Zivilbevölkerung, UN-Repräsentanten oder auch Journalisten – nehmen weltweit zu.

Der kenianische Reuters-Fotograf Hos Maina war einer von vier Journalisten, die am 12. Juli 1993 in Mogadischu von einer wütenden Menge mit Steinen, Messern und Schusswaffen gelyncht worden sind. Wir hatten uns kennen gelernt, als ich 1982 zum ersten Mal nach Afrika reiste, und wir waren seither befreundet gewesen. Hos war ebenso couragiert wie humorvoll. Zum geflügelten Wort wurde in Nairobi seine trockene Antwort auf die rhetorische Frage des autoritären Staatschefs Daniel Arap Moi bei einem Fototermin, welches Land in Afrika denn wohl demokratischer sei als Kenia: »Sambia.« Dort hatten gerade freie Wahlen stattgefunden. Kenia war davon noch viele Jahre entfernt. Ein einziges Wort hatte einen gefürchteten Präsidenten der Lächerlichkeit preisgegeben. So etwas passiert nicht oft.

Die Anekdote war umso bemerkenswerter, als Hos spontane, schnelle Repliken nicht mehr leicht fielen. Drei Jahre vor seinem Tod war er in einen schweren Autounfall verwickelt gewesen, der eine Sprachbehinderung und die teilweise Lähmung eines Armes zur Folge gehabt hatte. Eine langwierige, mühselige Therapie ermöglichte ihm die Rückkehr in den Beruf – und brachte ihm zugleich die bittere Erkenntnis, dass er nie wieder ganz der Alte sein würde. Die Erfahrung hatte ihn vorsichtig werden lassen.

Vorsichtig verhielt er sich auch an seinem Todestag. US-Helikopter hatten Gebäude im Süden der somalischen Hauptstadt in der fälschlichen Annahme bombardiert, damit den Kriegsfürsten Farrah Aidid treffen zu können, den sie zum Hauptschuldigen der Verbrechen während des Bürgerkrieges erklärt hatten. Der Angriff forderte Anwohnern zufolge mehr als 80 Todesopfer. Farrah Aidid war nicht darunter. Er hatte sich zu diesem Zeitpunkt dort gar nicht aufgehalten. Der Versuch der so genannten »Enthauptungsstrategie«, die politischen und militärischen Führungspersönlichkeiten gilt, ist Jahre später im Irak erneut gescheitert. Mehr als 50 Mal.

Die Journalisten, die sich in Mogadischu zum Ort des Geschehens begaben und von denen einige dem Mob entkommen konnten, hatten umsichtig und besonnen gehandelt. Sie warteten ab, bis der Angriff vorbei war, und sie ließen sich dann von Anhängern des Kriegsfürsten begleiten, der diesen Teil der Stadt mehr oder minder kontrollierte. Bei früheren Gelegenheiten hatte sich eine solche Praxis als durchaus zuverlässiger Schutz erwiesen. Die Reporter bewegten sich in einer größeren Gruppe, was das Risiko erfahrungsgemäß – erfahrungsgemäß? – verringert, und sie waren mit ihren Fotoapparaten und Kameraausrüstungen als Medienvertreter zu erkennen.

Genutzt hat ihnen all das nichts. Bis heute ist nicht eindeutig geklärt, ob die Ermordung der Journalisten von der Aidid-Fraktion gesteuert wurde oder nicht, aber es spricht mehr dagegen als dafür. Es ist wahrscheinlich, dass sich an diesem Tag tatsächlich einfach ohnmächtige Verbitterung ein Ventil gesucht hat. Vielleicht hatten einige der Männer und auch Frauen, die mit kaum zu überbietender Brutalität die vier Reporter abschlachteten, unmittelbar vorher selbst Verwandte oder Freunde verloren. Das Bedürfnis nach Rache ist eine sehr starke menschliche Leidenschaft.

Es wird sich nicht mehr herausfinden lassen, was genau an diesem 12. Juli 1993 geschah. Aber einiges steht immerhin fest. Die Menge wusste, wen sie vor sich hatte. Nämlich keine Kombattanten, sondern Beobachter. Die Angriffe erfolgten gezielt und dennoch ohne Ansehen der Personen. Die Hautfarbe spielte keine Rolle – zwei der Opfer waren schwarz, zwei weiß – und das

Geschlecht war egal. Unter denjenigen, denen die Flucht gelang, waren auch Korrespondentinnen.

Die Leiche von Hos wurde von einem unserer gemeinsamen Freunde identifiziert. Er sei im ersten Augenblick nicht sicher gewesen, ob er vor dem richtigen Sarg stand, sagte der später. »Grotesk« habe Hos ausgesehen. Dann sagte er noch, er hoffe, Hos sei erst erschossen und dann verstümmelt worden. Und nicht umgekehrt. Wir werden es nie erfahren. Wer immer das Signal zum Massaker an den Journalisten gegeben hat, außer Zweifel steht: Der Angriff auf ein Wohngebiet hatte eine Aggression ausgelöst, die in dem Wunsch gipfelte, auch andere Unbeteiligte leiden zu lassen. Ein Einzelfall ist das längst nicht mehr.

Der bloße Hinweis, dass Empörung, Trauer und Schmerz gute Düngemittel für Terrorismus und andere Formen der Gewalt sind, wird häufig als Versuch interpretiert, Gewalttaten zu rechtfertigen. Das ist im günstigen Fall ein fundamentales Missverständnis. Es kann auch eine Beleidigung sein. Für mich ist überhaupt keine Begründung vorstellbar, die mir die Morde an Hos Maina und den anderen Kollegen als gerechtfertigt erscheinen lassen könnten. Das ändert nichts daran, dass ich verstehen möchte, was die Täter bewegte. Schon aus dem Wunsch heraus, dass sich ähnliche Vorfälle künftig vermeiden lassen mögen.

Aber das ist nicht das einzige Motiv. »Was ist in dem – in der – in denen – bloß vorgegangen?« ist eine der klassischen Fragen nach jeder Gewalttat. Die muss gar nicht politisch motiviert sein, es kann sich auch um den Amoklauf eines Schülers, um die Vergewaltigung eines Kindes oder um einen Brandanschlag auf ein Altersheim handeln. Die Sehnsucht danach, das Unfassbare fassen zu können, sitzt tief. Es ist seltsam, dass dieses universale menschliche Bedürfnis ausgerechnet im Zusammenhang mit einem so ernsten Problem wie dem internationalen Terrorismus immer mal wieder mit dem Generalverdacht des Sympathisantentums belegt wird.

Mit dem Verstehen beginne bereits das Exkulpieren, sagte Josef Joffe, Mitherausgeber der *Zeit*, nach den Anschlägen vom 11. September 2001. Der Publizist Henryk Broder setzte Verständnis für die Terroristen mit Verharmlosung gleich – als ob verstehen dasselbe sei wie billigen. Ähnlich äußerte sich der Zeithistoriker Arnulf Baring. Das ist für Intellektuelle eine erstaunliche Haltung. Wenn ausgerechnet sie vor Analysen warnen, droht eine Ideologisierung des öffentlichen Diskurses. Als Mittel der Gefahrenabwehr sind Ideologien allerdings besonders ungeeignet.

8

Bildausschnitte

Kaum jemand kann sich der – irrigen – Annahme entziehen, man wisse doch ziemlich genau, wie es so zugehe in einem Krieg. Die scheinbare Omnipräsenz der Medien, vor allem des Fernsehens, vermittelt dieses Trugbild. »Es wird unglaublich kompliziert zu beurteilen: was stimmt, was stimmt nicht?«, sagte der ZDF-Korrespondent Ulrich Tilgner während des Irak-Krieges. Die US-Truppen stünden offenbar etwa einhundert Kilometer von Bagdad entfernt, »aber wir hier können das gar nicht beurteilen«. Die Zuschauer dort, ein paar Tausend Kilometer entfernt, hingegen durchaus. Schließlich haben sie die entsprechenden Berichte »eingebetteter« Reporter gesehen.

Wenn das Publikum schon Anlass hat, sich besser informiert zu fühlen als die Fachleute vor Ort, dann ist es kein Wunder, dass es auch der Illusion erliegt, tatsächlich live beim Geschehen dabei zu sein. »Der Krieg wird zum Abenteuer fürs Auge«, sagt Freimut Duve, der ehemalige Medienbeauftragte der OSZE. Das ist wahr, und der Satz lässt sich um ein kleines Wort ergänzen: Er wird nur zum Abenteuer fürs Auge. Alle anderen Sinne bleiben ausgespart. Riechen, schmecken, tasten, selbst das Hören – schließlich ist am realen Schauplatz weder die Stimme eines Korrespondenten noch auch Hintergrundmusik zu vernehmen. Und die Gefühle vor dem heimischen Fernseher unterscheiden sich ohnehin grundlegend von denen in einem Kampfgebiet. Aber Bilder werden als eine so zentrale, umfassende Informationsquelle wahrgenommen, dass Defizite dahinter zu verblassen scheinen.

Fernsehen ist ein Medium, das in erster Linie auf den Bauch zielt, nicht auf den Kopf. Gefühle spielen selbst bei vermeintlich nüchternen Informationssendungen eine zentrale Rolle. Das gesprochene Wort ist flüchtig, und ob jemand in einer politischen Gesprächsrunde sympathisch, souverän und glaubwürdig zu sein scheint, ist für die Wirkung, die er oder sie erzielt, erheblich wichtiger als der Inhalt des Gesagten. Diese Feststellung birgt keine Kritik und ist nicht abfällig gemeint, im Gegenteil: Zu einem fundierten Urteil gehören auch Emotionen. Die Formulierung, man möchte »ein Gefühl für eine Situation« bekommen, beinhaltet keine Abkehr von der Ratio.

Allerdings scheinen viele Fernsehschaffende es peinlich zu finden, dass ihr Medium sogar im Bereich der politischen Berichterstattung nicht nur den Verstand anspricht. Der ZDF-Chefredakteur Nikolaus Brender erklärte bei den Mainzer Tagen der Fernsehkritik im Zusammenhang mit den Anschlägen vom 11. September 2001: »Uns wurden Bilder aufgezwungen.« Dennoch habe sein Sender »dem Bild nicht die Übermacht gegeben«. Brender verwies auf die große Zahl von Diskussionsrunden zum Thema und meinte schließlich: »Ich brauche nicht immer ein Bild, um die Realität zu zeigen. Ich kann darüber auch sprechen.« Gewiss. Aber warum dann überhaupt fernsehen? Statt Radio zu hören oder Zeitung zu lesen?

Die Abwehr gegen die emotionale Komponente, die dem Fernsehen innewohnt, speist sich aus der Erfahrung, dass bewegte Bilder besser als andere Formen der Nachrichtenübermittlung dazu geeignet sind, gezielt Gefühle zu schüren und sie für politische Zwecke zu missbrauchen: eine Erkenntnis, die sich bereits die Nationalsozialisten zunutze gemacht haben. Die Gefahr wird aber nicht kleiner, sondern größer, wenn man den emotionalen Faktor zu leugnen versucht. Es erliegen doch nicht nur diejenigen dem Wirkungsmechanismus des Mediums, die ihn nicht zu durchschauen vermögen, sondern das gemeinsame Weltbild aller Bewohner der Industrienationen ist vom Fernsehen geprägt – und zwar in einem Ausmaß, das aufgrund zwangsläufig fehlender Distanz zu sich selbst in vollem Umfang niemand je ganz zu erfassen vermag.

Im Zusammenhang mit dem 11. September ist »dem Bild« sehr wohl »die Übermacht gegeben« worden. Dies zu verhindern sprengt den Rahmen der gestalterischen Möglichkeiten von Chefredakteuren. Es war unvermeidlich und übrigens auch Teil des Kalküls der Attentäter, denen es ja gerade darum ging, die größtmögliche öffentliche Aufmerksamkeit zu erzielen. In dieser Hinsicht ist das Fernsehen konkurrenzlos. Allerdings auch anspruchsvoll: Es braucht eben Bilder. Zwar ist wahr, dass nach den Terroranschlägen in den USA eine unüberschaubar große Zahl von aktuellen Informationssendungen, Diskussionsrunden und Dokumentationen ausgestrahlt wurde. Aber was kommt einem spontan in den Kopf, wenn vom 11. September die Rede ist? Die brennenden Türme des World Trade Centers.

Diese Tatsache als gegeben hinzunehmen bedeutet nicht, die politische Hintergrundberichterstattung für überflüssig zu erklären, sondern lediglich den Umstand zu akzeptieren, dass die Macht der Bilder hinsichtlich der Wirkung im Fernsehen fast alles andere überragt. Es gibt allerdings noch etwas anderes, was einen ebenso großen Einfluss gewinnen kann wie Bilder, allerdings auf sehr viel unauffälligere und schwerer messbare Weise: deren Abwesenheit.

3,3 Millionen direkte und indirekte Opfer hat der Krieg im ehemaligen Zaire und heutigen Kongo zwischen 1998 und 2002 einer Studie der US-Hilfsorganisation IRC, dem »International Rescue Committee«, zufolge gefordert. Die landesweite Sterblichkeitsrate lag danach mit monatlich durchschnittlich 2,4 Toten auf 1 000 Personen höher als irgendwo sonst auf der Welt seit dem Ende des Zweiten Weltkrieges. 85 Prozent der Opfer starben infolge des kriegsbedingten Zusammenbruchs der Infrastruktur, vor allem an Krankheiten, die in Friedenszeiten vermieden oder doch leicht behandelt werden können.

Die militärischen Auseinandersetzungen im Kongo gehören somit zu den verlustreichsten Konflikten der letzten Jahrzehnte. Aber wie vielen Leuten würde dieses Land einfallen, wenn sie spontan nach Beispielen für besonders grausame Kriege der jüngsten Vergangenheit gefragt würden? Über die Situation im Kongo informieren deutsche Medien, vor allem Zeitungen, immer wieder einmal. Eine einigermaßen kontinuierliche Bildberichterstattung, wenigstens über Teilaspekte des Geschehens, hat jedoch nur in Ausnahmefällen stattgefunden. Zum vorläufig letzten Mal, als Bundeswehrsoldaten nach Uganda entsandt wurden, um von dort aus eine EU-Eingreiftruppe im Osten des Kongo zu unterstützen.

Die Tatsache, dass diese Krisenregion nur selten in den Fernsehnachrichten vorkommt, lässt sich nicht allein auf Desinteresse an Afrika zurückführen, so weit verbreitet das sein mag. Schließlich stehen andere Teile des Kontinents gelegentlich durchaus für kürzere oder sogar längere Zeit im Blickpunkt der öffentlichen Aufmerksamkeit. Auch lässt sich im Falle des Kongo nicht das behaupten, was über andere »vergessene Kriege« zu Recht gesagt wird: dass es nämlich westlichen Regierungen mehr oder minder gleichgültig sei, was dort geschehe. Sowohl die USA als auch verschiedene Staaten der EU verfolgen eigene politische Ziele in dem riesigen, rohstoffreichen Land.

Es sind vor allem logistische Gründe, die für die lückenhafte Berichterstattung verantwortlich sind. Die Frontlinie ist unzugänglich, die Kämpfe und auch Massaker verschiedener Milizgruppen an der Zivilbevölkerung finden meist außerhalb der großen Städte statt. Es gibt viele wichtige Entscheidungen, die weder in der

Hauptstadt noch am Verhandlungstisch fallen, sondern irgendwo im Landesinneren – ohne unbeteiligte Zeugen. Die Arbeit für Fotografen und Kameraleute im Kongo ist schwierig, oft riskant, vielerorts gänzlich unmöglich, und mit den Übertragungsmöglichkeiten für das Material sieht es nicht besser aus. Darin ähnelt die Lage im Kriegsgebiet der Situation im Süden des Sudan, einer anderen Region, in der seit vielen Jahren gekämpft wird, ohne dass sich auch nur die wichtigsten Etappen des Konflikts hätten zuverlässig dokumentieren lassen.

Wenn über eine Krise viel und über eine andere wenig berichtet wird, wenn Tod und Zerstörung in dem einen Land allabendlich via Bildschirm weltweit zu sehen sind und in einem anderen die Chronisten über kaum verlässlichere Informationsquellen verfügen als ihre Kollegen im Dreißigjährigen Krieg, dann liegt dem nicht immer eine politische Strategie zugrunde. Manchmal sind – auch wenn routinierte Nutzer der modernen Technologien das oft nicht wahrhaben wollen – selbst heute noch ganz einfach widrige Umstände schuld. Ein Gebiet ist abgelegen: Das schreibt sich so leicht dahin. Was das jedoch tatsächlich heißt, ist für Bewohner moderner Industriestaaten kaum vorstellbar.

Lasu beispielsweise ist ein wirklich abgelegener Ort. Er liegt in der südsudanesischen Provinz West-Äquatoria an der Grenze zum ehemaligen Zaire. 1995 reise ich dorthin, um über Probleme und Möglichkeiten der humanitären Hilfe in einer solchen Region zu berichten. Konkret bedeutet das: Von Nairobi aus war ich an Bord einer UN-Maschine zunächst im kenianischen Dorf Lokichokio eingetroffen, wo mehr als 100 verschiedene Hilfsorganisationen ihr Ausgangslager für Operationen im Südsudan eingerichtet haben.

Die Machthaber in Khartoum, gelegentlich aber auch die Rebellenbewegung SPLA verweigerten immer wieder über Monate hinweg Fluggenehmigungen für das südsudanesische Kriegsgebiet. In diesen Zeiten waren weite Teile der Region sowieso völlig unerreichbar, nicht nur für Journalisten, sondern auch für Helfer. Damals war der Luftraum aber gerade offen, und so konnte ich am folgenden Tag, erneut mit einem kleinen UN-Flugzeug, in die südsudanesische Kleinstadt Yei weiterfliegen.

Von dort aus fuhr ich zwei Tage später mit Mitarbeitern der deutschen Organisation »Afrika in Not« in einem Geländewagen mehrere Stunden durch eine Landschaft, die aussah wie in einem alten Bilderbuch: Runde Lehmhütten mit Grasdächern lagen mitten im Busch. Gelegentlich begegnete man Männern und Frauen, die nur mit einem Lendenschurz bekleidet waren. Sonst traf man niemanden. In diesem Teil der Welt fahren keine Busse, es gibt keinen Strom und kein Telefon. Die holprige Piste nach Lasu bestand aus riesigen Schlaglöchern.

Wären die politischen Verhältnisse anders, dann müsste diese Gegend nicht arm sein. Es gibt hier Erdöl und Gold, im fruchtbaren Klima wachsen Mais, Cassava, Bohnen und Bananen. Riesige, dunkelgrüne Mangobäume beherrschen das Bild. Als wir in Lasu ankamen, waren sie gerade über und über voll behängt mit den schweren, fast reifen Früchten. Eine wunderschöne Szenerie.

Einige Monate vor meiner Reise hatte die damalige Regierung in Kinshasa, die gute Beziehungen zu Khartoum unterhielt, die Grenze gesperrt – und damit die Bewohner von Lasu, das die Rebellen 1990 erobert hatten, von der letzten Versorgungsmöglichkeit mit Alltagsgütern abgeschnitten. Früher habe er Rasierklingen, Zigaretten, Salz, Zucker und Zahnpasta verkauft, erzählte Faustin Khamis, der das einzige Geschäft im Dorf führte. Nun lagen in den ansonsten leeren Regalen des Ladens noch sieben Stück Kernseife. Davor stand ein altes Fahrrad ohne Pedale, mit verrosteter Kette und zerbrochenem Sattel. Es gehörte Khamis selbst, der hoffte, dass ihm irgendwann einmal jemand die geforderten 2 000 sudanesischen Pfund dafür bezahlte, umgerechnet etwa 17 Dollar.

In Lasu gab es keine Schule und keine Klinik. Ein Gesundheitszentrum wurde von »Afrika in Not« mit Medikamenten für die häufigsten Krankheiten wie Malaria, Husten und Durchfall versorgt. Wer schwer erkrankte, musste sterben. »Wir sollten die schweren Fälle nach Maridi schicken«, erklärte Medizinassistent William Duku. »Aber das ist wegen der Transportprobleme praktisch unmöglich.« In Maridi gab es ein Krankenhaus. Die Stadt ist etwa 250 Kilometer von Lasu entfernt. Eine Weltreise.

So trostlos die Verhältnisse in dem Ort und seiner Umgebung jedoch auch waren: Wenigstens die unmittelbaren Schrecken des Krieges schienen hier weit weg zu sein. Kein Schuss war zu hören, keine Panzer waren zu sehen, auch keine Toten oder Verwundeten. Aber selbst der Eindruck dieser vermeintlichen Beschaulichkeit trog. Nur etwa 30 Kilometer war die Front damals entfernt. »Wir sitzen in der Falle, und niemand weiß, was passieren wird«, sagte der Priester Elias Tabak. Zu diesem Zeitpunkt hatten die Militäroffensiven sudanesischer Regierungstruppen, die um diese Jahreszeit schon zur Tradition geworden waren, gerade erst begonnen.

Wie lange kann man als Journalistin, deren Aufgabe in der aktuellen Berichterstattung besteht, in einem Dorf wie Lasu bleiben? Ich habe mich damals zwei Tage dort aufgehalten. Dann hatte ich alle Informationen, die ich für meine Reportage benötigte. Welche Neuigkeiten hätte ich den Leserinnen und Lesern nach einem längeren Aufenthalt darüber hinaus mitzuteilen gehabt? Dass es Faustin Khamis noch immer nicht gelungen war, sein Fahrrad zu verkaufen? Kaum etwas ist so langweilig wie ausweglose Armut.

Ein Kamerateam hat die Möglichkeit, auf demselben Weg wie ich nach Lasu oder in eines der vielen anderen Dörfer im Südsudan zu fahren, in denen die Situation ähnlich ist. Das geschieht ja auch immer wieder, und es gibt viele einfühlsame Filmberichte über solche Reisen. Aber sie enthalten fast niemals dramatische Bilder, die aufwühlen und im Gedächtnis haften bleiben. Wie sollten die aussehen? Die Bevölkerung von Lasu ist gut genährt. Den Kindern sieht man nicht an, dass sie keine Chance haben, lesen und schreiben zu lernen, den Gesunden nicht, dass sie im Krankheitsfall keinen Arzt aufsuchen können, und den Lebenden nicht, dass sie vielleicht schon bald tot sind, falls der Frontverlauf sich ändert. Warum sollten Fernsehzuschauer, die fast jeden Tag schreckliche Bilder zu sehen bekommen, die Lage in Lasu ganz besonders furchtbar finden? Wenn der Krieg einen solchen Ort erst einmal erreicht, dann ist der Ort ohnehin nicht mehr erreichbar.

Wüsste die deutsche Bevölkerung über die Zustände im Sudan ebenso viel wie über die auf dem Balkan: Es ist nicht anzunehmen, dass sie das lange ertrüge, ohne nachdrücklich Taten zu fordern. Da muss doch etwas geschehen, das kann doch nicht so weitergehen. Es steht auf einem anderen Blatt, dass die mehrjährige Konzentration der außenpolitischen Diskussion auf Militärinterventionen – jedenfalls soweit es um Länder geht, die nicht zum Westen gehören – inzwischen alle anderen Überlegungen hinsichtlich diplomatischer und politischer Möglichkeiten weitgehend verdrängt hat.

So weit kommt es jedoch gar nicht. Die Fernsehzuschauer in der Bundesrepublik erfahren nicht besonders viel über den Sudan, und sie haben deshalb andere Sorgen. Die Region gehört zu jenen weißen Flecken auf der Weltkarte, von denen Jean-Christophe Rufen vor einigen Jahren in seinem Buch »Das Reich und die neuen Barbaren« zu Recht gesagt hat, sie würden beständig größer – weil sich nämlich ein neuer Limes herausbilde, der die reichen von den armen Ländern trenne. Wie gesagt: In einer Mediengesellschaft können nicht nur Bilder, sondern auch fehlende Bilder das politische Geschehen bestimmen.

Wie das Beispiel von Lasu zeigt, sind keineswegs immer kluge Drahtzieher verantwortlich, wenn sich eine Katastrophe weitgehend unbeobachtet von der Außenwelt vollzieht. Bis heute lässt

Bildausschnitte

sich nicht genau planen, was das Publikum zu sehen bekommt und was nicht. Daraus kann jedoch nicht der Umkehrschluss gezogen werden, dass den politischen und militärischen Akteuren die Macht der Bilder etwa nicht bewusst wäre und dass sie nicht versuchten, gerade die Fernsehberichterstattung so weit als möglich in ihrem Sinne zu lenken. Dass es kaum Aufnahmen von verwundeten US-Militärs im Irak gibt und dass US-Präsident George W. Bush es vermeidet, an Beerdigungen gefallener Soldaten teilzunehmen: Das sind keine Zufälle, sondern die Ergebnisse taktischer Überlegungen, die das Ziel haben, ein freundliches Meinungsklima zu erzeugen.

Im Golfkrieg 1991 haben die USA erhebliche, wenngleich hinsichtlich der Methoden noch etwas ungelenke Anstrengungen unternommen, um das allgemeine Augenmerk von zivilen Opfern der Kampfhandlungen abzulenken. In Afghanistan können sich heute wenigstens jene Einwohner vor Bombenangriffen einigermaßen geschützt fühlen, die in unmittelbarer Nähe des Trampelpfads der internationalen Medien leben. Was in anderen Regionen des Landes geschieht, bleibt der Öffentlichkeit hingegen verborgen. Wie viel sich in den letzten Jahren im Bereich der Bildberichterstattung verändert hat, zeigt ein Vergleich zwischen Ereignissen im heutigen Irak und ähnlichen Geschehnissen vor mehr als zehn Jahren in Somalia.

Am 3. Oktober 1993 gerieten US-Marines in Mogadischu in einen Hinterhalt feindseliger Milizen. Mehrere Hundert Somalis und 18 amerikanische Militärs starben in einem stundenlangen Feuergefecht, ein johlender Mob schleifte anschließend die grässlich verstümmelten Leichen einiger US-Soldaten durch die Straßen. Wieder und wieder wurden die Aufnahmen dieser Ereignisse in internationalen TV-Sendern wiederholt. In den Vereinigten Staaten schlug die – bis dahin positive – Stimmung gegenüber der Militärintervention in Somalia ins Gegenteil um. Wenig später beschloss

Washington den Rückzug aus der UN-Operation in dem ostafrikanischen Land.

Am 31. März 2004 wurden bei einem Angriff auf einen zivilen Fahrzeugkonvoi mit zwei Geländewagen in der irakischen Stadt Falludscha vier US-Bürger getötet. Jubelnde Irakis zogen die Leichen aus den Autos. Zwei der Toten wurden »wie geschlachtete Schafe von der alten Brücke gehängt«, so ein Einwohner. Einen anderen band man an einen Wagen, in dessen Fenster ein Bild von Scheich Ahmed Jassim hing, dem wenige Tage zuvor von Israel ermordeten Gründer der palästinensischen Hamas-Bewegung. Unter dem Beifall von Passanten wurde diese Leiche dann durch die Straßen geschleift, ganz ähnlich wie damals in Mogadischu.

Die beiden Ereignisse weisen viele Gemeinsamkeiten auf, und dennoch gibt es einen gravierenden Unterschied. Zwar war deutschen Tageszeitungen zu entnehmen, dass Aufnahmen von den Leichenschändungen im Irak in US-Sendern zu sehen gewesen waren. Aber sie waren ganz offensichtlich erheblich diskreter als seinerzeit die Filme aus Mogadischu. CNN wies sogar ausdrücklich darauf hin, dass man darauf verzichte, die schockierenden Details zu zeigen, und die deutschen Fernsehkanäle beschränkten sich ohnehin auf Bilder von hasserfüllten, schreienden Irakis und brennenden Autowracks.

Der Vergleich zwischen der Berichterstattung über die Attacken in Mogadischu und Falludscha ist ein weiterer Beweis dafür, dass Objektivität und Unparteilichkeit im Journalismus zwar anzustrebende, aber dennoch unerreichbare Ziele sind. Programmverantwortliche konnten und können in derartigen Fällen keine richtige Entscheidung mehr treffen. Sie haben allenfalls die Wahl zwischen zwei unbefriedigenden Möglichkeiten, die beide angreifbar sind.

Berücksichtigt man die globalen Machtverhältnisse und die Bedeutung, die dem Geschehen im Irak gegenwärtig beigemessen wird, dann steht im Frühjahr 2004 weltweit für alle professionellen

Redakteure – und zwar unabhängig von ihren persönlichen Überzeugungen oder ihrer Nationalität – außer Frage, dass es sich bei der Ermordung von vier US-Zivilisten im Irak um Nachrichten von überragender Bedeutung handelt. Ein bislang als unumstößlich geltendes journalistisches Gebot besagt, dass Nachrichten so gut wie möglich belegt werden sollten und dafür so viel Material wie überhaupt verfügbar herangeschafft, verarbeitet und verbreitet werden muss. Allenfalls werden Gesichter unkenntlich gemacht, um Persönlichkeitsrechte zu schützen.

Bei den Anschlägen auf das World Trade Center wurde allerdings nach anfänglicher Verwirrung und Unsicherheit schnell beschlossen, aus Gründen der Pietät und Rücksichtnahme keine Aufnahmen von Menschen mehr zu zeigen, die sich aus den Türmen stürzten, um dem Feuertod zu entgehen. Das war jedoch kein Widerspruch zu dem oben genannten Grundsatz. Diese Bilder hatten nämlich keinen eigenen Informationswert. Für die Bewertung der Ereignisse in Falludscha hingegen spielt der Augenschein sehr wohl eine Rolle. Wie viele Menschen haben sich an den Leichenschändungen beteiligt? Waren auch Frauen und Kinder dabei? Welche Haltung nahm die Menge zu den Kamerateams ein? Schien es sich um eine spontane oder um eine geplante Aktion zu handeln?

Reporter haben all diese Fragen beantwortet oder sich doch zumindest darum bemüht, sie zu beantworten. Das ändert nichts daran, dass die Auswahl des vorhandenen Materials die Zuschauer einer zusätzlichen Informationsmöglichkeit beraubte, diese Auswahl mithin nicht nur nach den üblichen redaktionellen Kriterien, sondern auch unter politischen Gesichtspunkten erfolgt war. Ist das ein Verstoß gegen die Gesetze der freien Berichterstattung? Einerseits ja. Andererseits aber hätte man mit ausführlichen Beiträgen, in denen alle Grausamkeiten ausführlich dargestellt worden wären, eben auch nicht den Anforderungen der Objektivität genügt. Sondern die Interessen der Attentäter bedient.

In Somalia wie im Irak ging es bei den Leichenschändungen nicht um einen militärischen, sondern um einen psychologischen Sieg: um die Demütigung des Gegners. Dieses Ziel ist in der Menschheitsgeschichte nicht neu. Neu sind lediglich die Methoden, derer man sich bedient, um es zu erreichen. »Heute ist das Fernsehen stärker als ein Panzer«, hat der ehemalige israelische Außenminister Schimon Peres einmal gesagt. Anders ausgedrückt: Medien sind Waffen. Wenn man sich diese Definition zu Eigen macht, dann hat das weitreichende Folgen. Waffen lassen sich nun einmal nicht »neutral« einsetzen.

Es gibt zahlreiche historische Bilddokumente, die sich tief ins kollektive Gedächtnis eingebrannt haben, etwa die Aufnahmen vom Fall der Berliner Mauer oder von der Ermordung des US-Präsidenten John F. Kennedy. Aber die Bedeutung dieser Ereignisse hing nicht von der Anwesenheit der Fotografen und Kameraleute ab. Sie wäre unverändert groß gewesen, wenn es von dem Geschehen nicht einmal einen Schnappschuss gegeben hätte. Für Terroranschläge und auch für die gezielte Erniedrigung eines Feindes gilt das nicht. Die Rolle der Medien wird in diesen Fällen von den Tätern bewusst kalkuliert. Je ausführlicher die Berichterstattung, desto größer ihr Erfolg. Für die Trauer von Angehörigen der Bombenopfer von Madrid macht es keinen Unterschied, wie oft Bilder der zerstörten Züge in den Fernsehnachrichten gezeigt werden. Für das Maß der Verunsicherung in der spanischen Gesellschaft hingegen sehr wohl.

Dieser Umstand wird das Berufsbild von Journalisten, deren berufliches Ethos und das Verständnis von Pressefreiheit in den kommenden Jahren einschneidend verändern – schleichend hat diese Veränderung bereits begonnen, wie das Beispiel von Falludscha zeigt. »All the news that's fit to print«, alle Nachrichten, die es wert sind, gedruckt zu werden, verspricht die *New York Times* seit 1898 ihren Lesern. Mehr als ein Jahrhundert war dieses Motto ein brauchbarer Leitfaden für ehrlichen, seriösen Journalismus. Es gab für Reporter jahrzehntelang keinen besseren Schutz dagegen, von einer Konfliktpartei vereinnahmt zu werden, als eine möglichst umfassende Berichterstattung, ohne Ansehen der handelnden Personen. Das gilt nicht mehr. Wenn eine Instrumentalisierung nun gerade darin bestehen kann, dass über ein Ereignis ausführlich berichtet wird, dann stellt das die Regeln auf den Kopf.

Anfang Mai 2004 wurde in Bagdad die Leiche des US-Geschäftsmannes Nicholas Berg gefunden. Der 26-Jährige war vor laufender Videokamera geköpft worden – ein Akt der Vergeltung für die Misshandlung irakischer Gefangener durch US-Soldaten, wie die Mörder behaupteten. Sie stellten Aufnahmen der Tat ins Internet. Hätte Berg auch dann sterben müssen, wenn es dieses Medium nicht gäbe? Erstmals in der Geschichte der Massenkommunikation können mit Hilfe des Internet alle möglichen Bilder, Nachrichten und Botschaften einer breiten Öffentlichkeit zugänglich gemacht werden, ohne dass sie irgendeinen Filter durchlaufen müssen, ob der nun in Zensur, der Überprüfung des Wahrheitsgehaltes oder der Einschätzung der Bedeutung von Informationen besteht. Und ohne dass dafür Mittler – seien es nun Herolde oder Journalisten – benötigt werden.

Einerseits fällt es Diktaturen seit der Erfindung des Internet schwerer als vorher, Nachrichten zu unterdrücken. Andererseits bietet das Medium aber auch Verbrechern, Extremisten und Psychopathen eine öffentliche Plattform, von der diese früher kaum hätten träumen können. Das hat möglicherweise das Todesurteil für Nicholas Berg bedeutet. Der Mord an ihm konnte dank der weltweiten Vernetzung auf spektakuläre Weise begangen werden. Darin sahen die Täter vermutlich einen höheren Wert als im Tod ihres Gefangenen selbst.

Welche Konsequenzen ziehen traditionelle Massenmedien aus dieser Entwicklung? Bisher so gut wie keine. Fotos und Filmaufnahmen der letzten Sekunden im Leben von Nicholas Berg wurden weltweit gedruckt und gesendet, lediglich der unmittelbare Akt der Exekution blieb ausgespart. Die Interessen der Täter wurden bedient. Die *taz* hat sich allerdings entschlossen, den Platz auf der ersten Seite unbedruckt zu lassen, wo üblicherweise ein Foto steht, und die Redaktion hat das ausführlich begründet: »Der Mord an Nicholas Berg ist eine Zäsur im Kampf um die Macht der Bilder«, schrieb Bernd Pickert. »Wir können uns bei einer Veröffentlichung nicht auf Dokumentationspflichten oder öffentliches Interesse berufen. Denn mindestens in diesem Falle verschwindet die Trennung zwischen Tat und Dokumentation.« Er gab allerdings auch zu bedenken: »Es kann für den Umgang mit den Dokumenten von Grausamkeit keine eindeutigen Regeln geben. Existieren keine Bilder, werden Kriege aseptisch, sauber, unpersönlich.«

Der Journalismus steht vor einer völlig neuen, großen Herausforderung. Die Frage, wie dieser Herausforderung begegnet werden soll, ist schwer zu beantworten. So schwer, dass es vermutlich selbst dann Jahre dauern würde, sinnvolle, zeitgemäße Kriterien für freie Berichterstattung zu erarbeiten, wenn darüber eine breit angelegte öffentliche Diskussion stattfände, innerhalb und außerhalb der Branche. Ein solcher Diskurs wird jedoch bislang allenfalls in kleinen, exklusiven Zirkeln geführt. In Fachkreisen eben. Die meisten Massenmedien, viele Politiker und auch der größte Teil der Öffentlichkeit im Westen tun so, als ob im Grunde eigentlich nichts geschehen sei und das Postulat der Objektivität keineswegs einer neuen Definition bedürfe. Dabei handelt es sich um Wunschdenken.

Das ist umso bedenklicher, weil die Vorkämpfer für die Werte der Aufklärung immer schwerer von deren Gegnern zu unterscheiden sind. »Auch der Hass gegen die Niedrigkeit verzerrt die Züge«, schrieb Bertolt Brecht. Gelegentlich auf sehr abstoßende Weise. Beispielsweise dann, wenn sich herausstellt, dass der Wunsch, einen Feind am Boden liegen zu sehen, nicht auf Terroristen und Extremisten beschränkt ist.

Im Juli 2003 starben die beiden Söhne des ehemaligen irakischen Präsidenten Saddam Hussein, Udai und Kusai, bei einem Feuergefecht. Ausgewählten Journalisten wurde gestattet, die von Wunden übersäten Körper der Toten samt ihrer entstellten Gesichtszüge in der Leichenhalle zu fotografieren. Die Bilder gingen um die Welt. Tagelang, immer wieder. Man habe alle Zweifel in der irakischen Bevölkerung an der Identität der beiden Männer ausräumen wollen, so die offizielle Begründung für die öffentliche Zurschaustellung von – ja, Kriegstrophäen. Es scheint mir keinen anderen, angemessenen Begriff für die sterblichen Überreste der beiden Männer zu geben. Zumal bis heute die Frage unbeantwortet ist, weshalb Fotos von entstellten Leichen sich für Identitätsnachweise besser eignen sollen als – beispielsweise – medizinische und labortechnische Untersuchungen unabhängiger Wissenschaftler, auch aus der arabischen Welt.

Es lassen sich gewiss Begründungen dafür finden, dass die Schändung der Leichen in Falludscha und der unübersehbare Triumph ihrer Mörder nicht vergleichbar ist mit der Tötung von Saddams Söhnen und einem Fototermin, bei dem deren Zustand in einer nüchternen, klinischen Atmosphäre dokumentiert worden ist. Aber ich denke: Wäre ich Irakerin, also die Bewohnerin eines – aus welchen Motiven auch immer – besetzten Landes, dann fände ich es schwierig, mir diese Begründungen anzuhören und zwar unabhängig von der Frage, was ich persönlich von Udai und Kusai gehalten hätte. Zumal es noch weitere Beispiele dafür gibt, dass bei Siegern und Besiegten mit zweierlei Maß gemessen wird.

Am 14. Dezember 2003 wurde der ehemalige irakische Präsident Saddam Hussein gefangen genommen. Weltweit konnten Fernsehzuschauer verfolgen, wie die Mundhöhle und der Schädel des verwahrlosten Mannes von den behandschuhten Händen eines unbekannten Arztes untersucht wurden. Philip Kennicott von der *Washington Post* veranlassten die Aufnahmen zu äußerst feinsinnigen Überlegungen, in denen er zwischen »medizinischer Erniedrigung« und anderen Demütigungen wie Hohn und Spott unterschied. Die medizinische Erniedrigung hielt der Autor für vertretbar, ja sogar für »kunstfertig«: Sie mindere den Mann herab, »aber auf menschenfreundliche Weise«.

Das humanitäre Kriegsvölkerrecht kennt solche Differenzierungen nicht. Die Genfer Konventionen schreiben ganz einfach und unmissverständlich fest, dass Kriegsgefangene jederzeit geschützt werden müssen, namentlich vor der öffentlichen Neugier. Außerdem haben sie »unter allen Umständen Anspruch auf Achtung ihrer Person und ihrer Ehre«. US-Verteidigungsminister Donald Rumsfeld hatte mitgeteilt, dass Saddam Hussein entsprechend den Bestimmungen der Genfer Konventionen behandelt werde. Diese Behauptung war durch die kurz zuvor erfolgte Freigabe der Fernsehbilder bereits widerlegt, als sie aufgestellt wurde.

In den deutschen Medien fiel das allerdings kaum jemandem auf. Feuilletons befassten sich mit der Ikonographie der Macht und des Bösen, Leitartikler beschäftigten sich mit der psychologischen Wirkung der Aufnahmen des gefangenen Saddam auf seine Anhänger und auf die arabische Welt insgesamt. Die schlichte Frage, was in den Genfer Konventionen eigentlich steht und ob Rumsfeld die Wahrheit sagte, wurde kaum je gestellt. Stattdessen wurde die Erklärung des US-Ministers gutgläubig und ungeprüft als Tatsache verbreitet. Ein eindrucksvolles Beispiel für Verlautbarungsjournalismus.

Der Vorgang ist umso bemerkenswerter, als die Redakteure lediglich ihr eigenes Kurzzeitgedächtnis hätten bemühen müssen. Es war Donald Rumsfeld selbst gewesen, der nur wenige Monate zuvor die Bilder gefangener US-Soldaten im Irakkrieg als Verletzung der Genfer Konventionen verurteilt hatte – einfach nur die

Aufnahmen als solche, nicht etwa medizinische Untersuchungen vor laufender Kamera. Es spielt in diesem Zusammenhang nicht die geringste Rolle, dass Saddam Hussein ein brutaler Diktator gewesen ist, der schwere Menschenrechtsverletzungen auf dem Gewissen hat. Der Sinn von Rechtsnormen besteht nicht darin, Sympathieträger zu schützen. Wenn sie nicht für alle gleichermaßen gelten, dann sind es keine.

Die Tatsache, dass die inneren Widersprüche der verschiedenen Äußerungen von Donald Rumsfeld fast nirgendwo thematisiert wurden, ist einer von zahlreichen Hinweisen darauf, wie selbstverständlich das Prinzip der Parteilichkeit inzwischen in zahlreichen deutschen Medien verankert ist. Es läuft den Grundsätzen seriöser Berichterstattung zuwider – wobei offen bleibt, ob manche Redakteure diese Haltung so verinnerlicht haben, dass sie ihnen nicht einmal mehr bewusst ist.

Zahlreiche Fragen im Zusammenhang mit dem Prozess gegen Saddam Hussein und auch mit den Umständen, unter denen ehemalige irakische Politiker festgenommen wurden, sind unter Völkerrechtlern umstritten. Unumstritten ist allerdings, dass Washington in den letzten Jahren mehrfach gegen die Genfer Konventionen verstoßen hat. Lange Zeit war das wohl bekannteste Beispiel dafür die Behandlung von Häftlingen auf der US-Militärbasis Guantánamo. Bis dann im Mai 2004 Bilder auftauchten, auf die weite Teile der westlichen Öffentlichkeit fassungslos reagierten und durch die sich Teile der übrigen Welt bestätigt sahen: nämlich die Fotos und Filmaufnahmen von der Misshandlung irakischer Gefangener in Bagdad.

Glaubwürdige Berichte über derartige Vorfälle hatte es schon Monate zuvor gegeben, neben anderen hatte auch die Menschenrechtsorganisation amnesty international entsprechende Vorwürfe erhoben. Wie mittlerweile bekannt ist, beobachteten Mitarbeiter des Internationalen Roten Kreuzes bereits im Oktober 2003 die systematische Folterung von Gefangenen im Gefängnis Abu Ghraib. Der Präsident der Organisation Jakob Kellenberger informierte US-Außenminister Colin Powell und die US-Sicherheitsberaterin Condoleezza Rice darüber persönlich Mitte Januar 2004 bei einem Besuch in Washington.

Für das weltweite Entsetzen über die Menschenrechtsverletzungen bedurfte es jedoch der Bilder, ebenso wie für die Bereitschaft, entsprechenden Informationen überhaupt Glauben zu schenken. Wieder einmal wurde der Beweis erbracht, dass sich im Fernsehzeitalter nichts mehr im öffentlichen Raum ereignet, was sich nicht durch Bilddokumente unwiderlegbar beweisen lässt.

Noch ist vieles im Zusammenhang mit den schockierenden Vorgängen ungeklärt, was dringend der Aufhellung bedarf. Anderes ist eingemeißelt in die Geschichte des Konflikts, und es wird sich nicht mehr korrigieren lassen, wie eindringlich – und redlich – spätere dahingehende Bemühungen auch immer ausfallen mögen: Die Tatsache beispielsweise, dass Vertreter der US-Regierung bis hinauf zum Präsidenten lange – allzu lange – zögerten, sich für die unleugbaren Brutalitäten zu entschuldigen. Stattdessen erörterten sie, ob der Begriff der Folter im Zusammenhang mit dem bis dahin bekannten Maß an Zufügung körperlicher Schmerzen und den sexuellen Demütigungen gegenüber Gefangenen überhaupt angemessen sei oder ob derlei allenfalls als »Misshandlung« bezeichnet werden könne, die sich – vielleicht, möglicherweise, wer kann das wissen – sogar mit den Genfer Konventionen vereinbaren ließe. Es war eine Schande.

Darüber hinaus war die Folterung der Häftlinge unsäglich dumm. Die USA haben sich damit selbst das einzige ethisch unbestreitbare Argument für den Sturz von Saddam Hussein aus der Hand geschlagen: dass es nämlich als Segen zu betrachten wäre, wenn den Menschenrechtsverletzungen im Irak endlich ein Ende bereitet würde. Die selbst ernannten Vorkämpfer für Demokratie und Freiheit im arabischen Raum haben sich aus alleinigem, eigenen Verschulden um den Rest ihrer Glaubwürdigkeit gebracht. Dieses Los teilen sie mit vielen westlichen Journalisten. Wer hat schon den Berichten geglaubt, denen zufolge irakische Gefangene systematisch gefoltert wurden? Fast niemand. Ich auch nicht. Dabei hätte ich es besser wissen können: Schon in Somalia haben Soldaten mehrerer Nato-Staaten zweifelsfrei Menschenrechtsverletzungen begangen. Der Wunsch scheint jedoch in vielen von uns tief verankert zu sein, dass »unsere« Seite »so etwas« nicht tut. Wenn wider Erwarten doch, dann kann es sich nur um »Ausrutscher« handeln. Keinesfalls um die Realisierung eines planmäßigen Konzepts.

Wenn es noch eines Beweises für die Parteilichkeit der meisten Medien bedurft hätte, die sich auf ihre vermeintliche Unabhängigkeit viel zugute halten: Die Reaktion auf die Vorgänge in Abu Ghraib hätte ihn erbracht. Lange nachdem die US-Regierung die wesentlichen Inhalte der Berichterstattung im Kern bestätigt hatte, sprachen die Moderatoren und Moderatorinnen zahlreicher Sender (öffentlich-rechtlicher wie privater) noch immer von »Foltervorwürfen«. Nicht etwa von Folter oder gar erwiesener Folter. Im Zusammenhang mit Vorwürfen sind Zweifel erlaubt, sogar geboten. Die Zweifel waren ausgeräumt, und dennoch blieben Journalisten, deren Aufgabe in solchen Zusammenhängen die größtmögliche Präzision ist, dem Ungefähren verpflichtet. Auch das war eine Schande.

Eine Ausnahme war es nicht. Regelmäßig wurde die Ergreifung irakischer Regierungsmitglieder durch US-Truppen in deutschen Medien als »Verhaftung« bezeichnet. Gerade so, als hätten Polizeibeamte in einer deutschen Kleinstadt einen Drogendealer festgesetzt. Warum wurden diese Ereignisse eigentlich nicht als das benannt, was sie in jedem einzelnen Fall waren: nämlich eine Gefangennahme? Das ist ein neutraler, korrekter Begriff, der über die Rechtmäßigkeit eines Vorgangs keine Aussage macht. Schönstes Nachrichtendeutsch also. Es kommt aus der Mode, ebenso wie bei manchen Journalisten das Völkerrecht. Hinweise darauf, dass Angriffskriege – aus welchem Motiv heraus sie auch immer geführt werden – völkerrechtswidrig sind, werden inzwischen in Kommentaren gerne mit dem Vorwurf gekontert, das sei ein »legalistischer« Standpunkt. Ein interessanter Begriff.

Am Jahrestag des Sturzes der Saddam-Statue in Bagdad wurden in der Hauptnachrichtensendung des ZDF um 19 Uhr noch einmal Aufnahmen von dem Ereignis gezeigt. Mit diesem Text: »Vor einem Jahr gingen diese Bilder der Hoffnung um die Welt: Befreier und Befreite in Jubelstimmung.« Das war nun nicht einmal mehr der Versuch, nachrichtlich an eine bestimmte Begebenheit zu erinnern. Das war die Rechtfertigung des Irak-Krieges ex post.

Kenner der arabischen Welt haben immer wieder darauf hingewiesen, dass gerade Bilder wie die vom Sturz der Statue, der zunächst ein amerikanischer Soldat eine US-Flagge über das Gesicht gebreitet hatte, auch von Gegnern des irakischen Regimes als Demütigung verstanden werden können. Ohnehin gibt es kaum etwas anderes, was in vergleichbar großem Maße vom Kulturkreis und von der Lebenssituation abhängt wie die jeweilige Reaktion auf Fernsehaufnahmen. Fehleinschätzungen in diesem Zusammenhang, die auf lebenslangen Konditionierungen beruhen, sind übrigens keineswegs auf so genannte bildungsferne Schichten im Urwald beschränkt. Im Gegenteil. Die Bevölkerung der Industrienationen ist in mindestens ebenso großer, wenn nicht größerer Gefahr, folgenschweren Irrtümern zu erliegen.

Die Welt wird übersichtlich und berechenbar, wenn Ursache und Wirkung unmittelbar aufeinander folgen. Im Fernsehen ist das unvermeidlich. Selbst die Regisseure von Spielfilmen haben allenfalls ein paar Stunden Zeit, um den Zuschauern zu zeigen, wohin das Handeln der jeweiligen Hauptfiguren führt. Prozesse, die sich quälend langsam und noch dazu ohne fernsehgerechte Bilder vollziehen, eignen sich nicht für Sendungen, weder im nachrichtlichen Bereich noch in dem der Unterhaltung. Über die Frage, welche Folgen die Genmanipulation an Nahrungsmitteln nach sich ziehen kann, wird in Expertenkreisen erbittert gestritten. In der »Tagesschau« erfährt man darüber wenig.

Die ausländischen Interventionen in Somalia, in Afghanistan und im Irak weisen eine Gemeinsamkeit auf: Kurzfristige militärische Erfolge wurden als nachhaltige Siege interpretiert. Das ist angesichts historischer Erfahrungen erstaunlich kurzsichtig. Die Begeisterung darüber, dass die staatliche Einheit des Irak nicht sofort in sich zusammenbrach, dass weder Bürgerkrieg noch Volksaufstand unmittelbare Folge der Ereignisse waren, dass der Nahe Osten nicht sogleich in Flammen stand: Diese Begeisterung beweist, in welchem Umfang inzwischen Mediengesellschaften die Gesetze des Fernsehens mit denen der Wirklichkeit verwechseln. Verlierer haben keinen Grund zur Eile. Sie können sich mit ihren Reaktionen auf eine Niederlage sehr viel mehr Zeit lassen, als ein westliches Publikum sich das offenbar vorzustellen vermag.

Die Erkenntnis, dass dieselben Bilder sehr unterschiedliche Gefühle auslösen können, je nachdem wer sie betrachtet, scheint allerdings in deutschen Redaktionen nicht besonders weit verbreitet zu sein. Nach dem Anschlag auf das World Trade Center wurde aus dem Tenor der gesamten Berichterstattung schnell deutlich, dass die große Mehrheit der Journalisten überhaupt nur zwei Reaktionen auf die Bilder der brennenden Türme für denkbar hielt: Fassungsloses Entsetzen oder hämische Schadenfreude. Dass es außerdem noch eine dritte Reaktion geben könnte, die möglicherweise zunächst sogar die weltweit verbreitetste gewesen ist, wurde gar nicht thematisiert. Dabei ist sie so naheliegend: Gleichgültigkeit, in die sich freundliches, aber etwas distanziertes Mitgefühl mischt.

Wer sich für Politik interessiert, der wusste in jedem Winkel dieser Erde sofort, dass die Attentate weitreichende Folgen nach sich ziehen würden. Aber wer sich für Politik nicht interessiert, außerdem gar nicht selbst einen Fernseher besitzt, die Aufnahmen aus New York also nicht Hunderte von Malen, sondern nur ein- oder zweimal in einer Kneipe oder bei Freunden gesehen hatte, und wer außerdem auch noch in einem Land lebt, in dem politisch motivierte Gewalt zum Alltag gehört: Warum sollte ein solcher Zuschauer oder eine solche Zuschauerin die Anschläge in den USA für ein Ereignis halten, das alles bisher Dagewesene in den Schatten stellte?

Die gebieterische Haltung, mit der Washington nach dem 11. September 2001 die Solidarität der ganzen Welt einforderte, ist aus dem Blickwinkel der Vereinigten Staaten heraus verständlich, vielleicht sogar selbstverständlich. Aber in Gesprächen in Kenia und in Somalia habe ich immer wieder die Ansicht gehört, die – verglichen mit anderen Katastrophen überhöhte – Bedeutung, die der Westen den Attentaten in den USA beimesse, sei ein schlagender Beweis dafür, dass es in den Augen der Mächtigen eben Opfer unterschiedlicher Rangordnung gebe. Ich finde auch diesen Standpunkt nachvollziehbar.

Es ist jedoch ziemlich gleichgültig, was ich oder irgendjemand sonst in Europa von dieser Ansicht hält. Es gibt sie, und sie beeinflusst die Stimmung in Ländern, über deren politische Entwicklung in Deutschland ohnehin nur sehr rudimentäre Kenntnisse vorhanden sind. Das alleine müsste genügen, um dieser Position größere Aufmerksamkeit zu schenken, als das gegenwärtig geschieht. Die schematische Aufteilung der Welt in Freunde und Feinde der USA blendet die Realität in weiten Teilen der Erde aus.

Kenia hat in den letzten Jahren mehrfach erfahren müssen, was mächtigere Verbündete unter Solidarität verstehen. 1998 explodierte in unmittelbarer Nähe der US-Botschaft im Zentrum von

Nairobi eine Autobombe. Bei dem Anschlag, als dessen Drahtzieher Osama Bin Laden gilt, starben mehr als 200 Kenianer und 12 US-Bürger. Um Spuren zu sichern, riegelten die Amerikaner das Gelände der Botschaft sehr schnell so weiträumig ab, dass dadurch die Bergung schwer verletzter Opfer im Trümmerfeld des daneben liegenden Hochhauses erschwert wurde.

Das haben viele Bewohner von Nairobi nicht vergessen. Ebenso wenig, wie sie die selbstlose Hilfe eines israelischen Bergungsteams vergessen haben, das einflog, um seine Erfahrung in den Dienst der Rettung von Verschütteten zu stellen. Dankbarkeit und Ressentiments einer Bevölkerung folgen nicht immer vertrauten Freund-Feind-Linien oder dem politischen Kurs, den ihre jeweilige Regierung vorgibt.

Im Gedächtnis der Weltöffentlichkeit blieben nach dem Attentat auf die Botschaft vor allem die US-amerikanischen Opfer haften. Für das Gedächtnis der kenianischen Öffentlichkeit gilt das nicht. Fast alle Einwohner von Nairobi kennen jemanden, der jemanden kennt, der ums Leben gekommen ist. So etwas hält Erinnerung lange wach. Man werde sehr genau beobachten, welche Entschädigungen die Familien der Getöteten in New York erhielten, erklärten kurz nach dem 11. September 2001 mehrere Anwälte in Nairobi. Das war reiner Populismus. Rechtlich waren nämlich die Vereinigten Staaten zu keinerlei Zahlungen an die Verletzten oder an die Hinterbliebenen der kenianischen Toten verpflichtet.

Sie haben sie dennoch geleistet, allerdings in beschämend niedriger Höhe. 5,3 Millionen Dollar für unmittelbare medizinische Behandlungen, 9 Millionen für humanitäre Hilfe. Zum Vergleich: Bis Juli 2003 beliefen sich die Forderungen an verschiedene Versicherungen infolge der Anschläge vom 11. September auf 18,5 Milliarden Dollar. Das lässt sich nicht vergleichen? Nein, natürlich nicht. Auch die Kosten des Krieges im Irak – 4 Milliarden US-Dollar pro Monat – können nicht möglichen Ansprüchen ziviler Opfer eines Anschlages, der von den USA wahrhaftig nicht zu verantworten war, gegenübergestellt werden. Aber es ist nicht erstaunlich, wenn die Betroffenen zu feinen und auch weniger feinen Unterscheidungen in diesem Zusammenhang nicht willens oder fähig sind.

»Verarmte Witwen kämpfen darum, ihr Kinder zu ernähren und aufzuziehen, Blinde und Verstümmelte haben eine unsichere Zukunft vor sich, und seelische Erschütterungen sind noch weit verbreitet.« So das Internationale Rote Kreuz, eine der Parteilichkeit unverdächtige Organisation, in einer Bilanz zum ersten Jahrestag des Bombenattentats. Derlei spricht sich in einer Gesellschaft herum.

Hätten die USA – ohne dazu gezwungen zu sein – eine Milliarde Dollar, den Gegenwert von etwas mehr als einer Woche der Kriegführung im Irak, für kenianische Opfer und Hinterbliebene bezahlt: Ich denke nicht, dass es dann die unverhohlene Genugtuung gäbe, mit der heute überaus bürgerliche Kenianerinnen und Kenianer, die niemals selbst zu einer Waffe greifen würden, weltweite Angriffe auf US-Einrichtungen und Soldaten zur Kenntnis nehmen. Es gibt gute Argumente, diese Schadenfreude als ungerecht, irrational und sogar als gefährlich zu brandmarken. Aber es nützt nichts, wenn Außenstehende gute Argumente haben. Überzeugungsarbeit muss nach innen wirken.

Nach wie vor ist Kenia ein Land, in dem sich Ausländer vor gezielten Angriffen weitgehend sicher fühlen können. Von ganz normaler Kriminalität geht eine erheblich größere Gefahr aus als von fremdenfeindlichen Übergriffen, und die Ende 2002 demokratisch gewählte, neue Regierung setzt die Bündnispolitik ihrer Vorgängerin mit den USA fort. Es ist äußerst unwahrscheinlich, dass das ostafrikanische Land je zum Schauplatz von Ereignissen werden wird, die eine Militärintervention auch nur in den Bereich des Möglichen rücken. Und was ist die Konsequenz daraus? Ein Maß an Gleichgültigkeit, das an Missachtung grenzt.

Bildausschnitte

Am 28. November 2002 fand in einem Hotel in der Nähe von Mombasa ein Selbstmordanschlag statt, der sich gegen israelische Touristen richtete. »Viele Menschen, vor allem Israelis« seien dem Attentat zum Opfer gefallen, teilte eine ZDF-Moderatorin kurz nach 23 Uhr den Zuschauern mit. Zu diesem Zeitpunkt war seit zwölf Stunden bekannt, dass dreimal so viele Kenianer wie Israelis bei der Gewalttat starben.

Am nächsten Tag meldete das »heute journal«, dass Staatspräsident Daniel Arap Moi den Schauplatz des Grauens besucht hat. In Kenia fänden bald Wahlen statt, »deshalb kommt auch der Herausforderer«. Allerdings war der im Bild gezeigte Uhuru Kenyatta nicht der Herausforderer, sondern der Wunschkandidat des Präsidenten, dessen Amtszeit aus verfassungsrechtlichen Gründen endete. Spielt in diesem Zusammenhang keine Rolle? Ist deshalb nicht so wichtig? Stimmt. Aber das galt bislang eigentlich nicht als akzeptable Entschuldigung für Schludrigkeit und Falschmeldungen. Zumal nicht bei einem Medium wie dem ZDF, dessen Nachrichtensendungen im Regelfall zu Recht als eine seriöse, verlässliche Quelle erachtet werden.

Kenia hat für die Terroranschläge teuer bezahlt. Die Tourismusindustrie ist der größte Arbeitgeber des Landes, in dem 60 Prozent der Bevölkerung offiziellen Statistiken zufolge unterhalb der Armutsgrenze leben. Oder sollte man sagen: war? Das Geschäft liegt danieder, und die Folgen für die ohnehin angespannte Wirtschaftslage sind dramatisch. So hat Anfang Dezember 2003 die kenianische Hafenbehörde den Bau eines modernen Kreuzfahrtterminals für umgerechnet 5,7 Millionen Dollar beschlossen. Inzwischen rechnet der kenianische Tourismusverband im laufenden Jahr mit einem Rückgang dieses Branchensegments um mehr als 50 Prozent. Der Grund: Sicherheitsbedenken.

Mehrfach haben westliche Regierungen, darunter auch die deutsche, ihre Bürger im vergangenen Jahr mit dem Hinweis auf drohende Terroranschläge vor Reisen in das ostafrikanische Land gewarnt. Die Sorge hat sich bislang als unbegründet erwiesen. Macht ja nichts? Better safe than sorry? Das kommt auf den Standpunkt an. Niemand ist um die Aufgabe zu beneiden, die Seriosität von Terrorwarnungen einschätzen zu müssen, und natürlich will sich auch niemand vorwerfen lassen, leichtfertig den Tod von Touristen verschuldet zu haben. Es ist daher verständlich, wenn die Verantwortlichen im Zusammenhang mit einem Land, in dem bereits zwei blutige Anschläge stattgefunden haben, besondere Vorsicht walten lassen. Problematisch und sogar gefährlich aber wird es, wenn mit zweierlei Maß gemessen wird.

Nachdem sich Warnungen vor einem unmittelbar bevorstehenden Anschlag im Dezember letzten Jahres nicht bestätigten, teilte das Auswärtige Amt im Internet mit: »Jüngste Hinweise auf einen Terroranschlag gegen westliche Hotels in Nairobi haben sich nicht konkretisiert. Dennoch ist von einer hohen fortbestehenden Gefahr terroristischer Attentate auszugehen.« So etwas lässt sich nicht widerlegen. Schließlich kann immer etwas passieren.

Fast zeitgleich wurde bekannt, dass Geheimdienstinformationen zufolge islamistische Terroristen zwischen Weihnachten und Neujahr in Italien möglicherweise Anschläge auf »Symbole des Christentums« planten. Sakrale Bauten wurden daraufhin mit scharfen Sicherheitsvorkehrungen geschützt. Wäre es also klug gewesen, auf eine geplante Reise nach Rom oder Pisa zu verzichten? Das Auswärtige Amt legte sich im Blick auf Italien nicht fest: »Für das Land besteht momentan kein länderspezifischer Sicherheitshinweis.«

In Deutschland fällt ein derartiger Widerspruch kaum jemandem auf. In Kenia wird so etwas sehr genau registriert. Folgenlos bleibt es nicht. Im Frühsommer 2003 war es die kenianische Regierung selbst gewesen, die Verbündete darauf hingewiesen hatte, dass sich möglicherweise ein gesuchter Terrorist im Land aufhielt. Damit sollte offenbar der Wille des neuen Kabinetts bekräftigt werden, im Kampf gegen den Terror weiterhin fest an der Seite des Westens zu stehen. Angesichts der negativen Folgen, die diese Warnung für die Tourismusbranche nach sich gezogen hat, dürfte es sich die Regierung bei der nächsten Gelegenheit sehr genau überlegen, ob sie ihre offene Informationspolitik beibehält.

»Wir gegen die«: So definierte Ende letzten Jahres ein kenianischer Reiseveranstalter in einer Wirtschaftszeitung die Fronten – also ausgerechnet jemand, der ein hohes Interesse an einer möglichst großen Zahl westlicher Besucher hat. Kenia sei zum Ziel von Terroristen geworden, so der Veranstalter, weil das Land die Interessen von Großbritannien und den USA schütze. Aber als Tausende von Jobs durch die Reisewarnungen vernichtet worden seien, hätten Washington und London wenig getan, um zu helfen. Langjährige Freunde von mir in Nairobi, von denen einige selbst in Europa studierten und von denen andere ihre Kinder zur Ausbildung in die USA geschickt haben, äußern sich ähnlich.

Man kann das angesichts erheblich größerer Probleme in der Welt unwichtig finden. Man kann darauf hinweisen, dass eine »Tagesschau« nur 15 Minuten dauert und dass es nicht möglich ist, innerhalb dieser knappen Zeitspanne die Hintergründe von Stimmungsschwankungen in allen Ländern der Erde auszuleuchten. All das ist richtig. Vielleicht gibt es tatsächlich keine Alternative dazu, dass wir Nachrichten aus entfernten Weltregionen erst dann zur Kenntnis nehmen, wenn sie in eine Überschrift passen – wenn eine Situation also bereits dramatisch eskaliert ist. Aber wir sollten uns dann über das wachsende Maß an Feindseligkeit, das uns entgegenschlägt, wenigstens nicht wundern.

9

Die neue Ideologie

Die Nachrichtenlage am frühen Morgen des 2. Weihnachtstages 2003: Die traditionelle Festmesse im Petersdom fand aus Angst vor Anschlägen unter strengsten Sicherheitsvorkehrungen statt. Im Zentrum von Bagdad sind innerhalb von einer Stunde acht Panzerabwehrgranaten eingeschlagen. Air France streicht nach Terrorwarnungen sechs Flüge nach Los Angeles. In der afghanischen Hauptstadt Kabul explodiert unweit des Präsidentenpalastes eine Bombe. Der pakistanische Staatschef Pervez Musharraf, der sich wegen seiner kooperativen Haltung gegenüber den USA viele Feinde in den Reihen islamistischer Extremisten gemacht hat, entkommt zum zweiten Mal innerhalb von zwei Wochen einem Attentat.

Zweierlei fällt angesichts dieser Auswahl von Meldungen auf. Zum einen: Terrorismus und Guerillaaktivitäten sind die beherrschenden Themen. Zum anderen: In den Nachrichten aus westlichen Ländern geht es um die Angst vor Attentaten, im Zusammenhang mit dem Rest der Welt um Angriffe, die sich tatsächlich ereignet haben. Spätestens seit den Bombenanschlägen vom 11. März 2004 auf Vorortzüge in Madrid kann sich niemand mehr darüber hinwegtäuschen, dass alle Sorgen, der islamistische Terror könne Europa erreichen, begründet gewesen sind. Es steht zu befürchten, dass weitere Anschläge in der westlichen Welt stattfinden werden.

Dennoch aber sind die Schauplätze des alltäglichen, regelmäßigen Schreckens weder Berlin noch auch Madrid oder New York, sondern ganz andere Orte. Die zumeist in Staaten liegen, in denen entweder offener Krieg herrscht oder wo innerhalb der jeweiligen Gesellschaft erheblich größere Konflikte ausgetragen werden als der Streit über die Frage, ob eine Lehrerin ein Kopftuch tragen darf. In der vorhersehbaren Zukunft wird sich an dieser ungleichen Verteilung von Gewalttaten schon allein deshalb nichts ändern, weil das sympathisierende Umfeld, das für alle Formen von Untergrundaktivitäten den Nährboden bildet, aus bereits geschilderten Gründen fast überall größer ist als in der westlichen Welt.

Das bedeutet für den Westen keine Entwarnung. Aber in welchem Umfang bestimmt das reale Maß der Bedrohung tatsächlich die politischen Diskussionen und die Aktivitäten des deutschen Gesetzgebers? Und in welchem Umfang wird der Terrorismus einfach als Mittel zu dem Zweck benutzt, die Verhältnisse so umzugestalten, wie man das schon lange für richtig hält?

»Du musst mich in den nächsten Wochen jeden Tag in die Schule fahren. Ganz viele Leute meinen, dass es demnächst einen Giftgasangriff auf die U-Bahn gibt.« Sagt die damals 13-jährige Tochter gegen Ende des Jahres 2001 unüberhörbar begeistert. Als die Mutter sich besorgt zeigt und empfiehlt, trotz winterlicher Temperaturen unter diesen Umständen unbedingt das Fahrrad zu benutzen, ändert die Tochter schleunigst den Kurs. Vermutlich sei die Bedrohung so ernst denn doch nicht zu nehmen, man wisse ja, was die Leute so redeten und außerdem: Es sei doch nicht anzunehmen, dass ausgerechnet sie das Pech haben werde, in jener U-Bahn zu sitzen, die zum Ziel eines Anschlags werde.

Da sage noch jemand, Teenager seien nicht bereit, von erwachsenen Vorbildern zu lernen. Meine Tochter hatte – ohne dass ihr das allerdings bewusst gewesen wäre – genau das getan, was auch zahlreiche Politiker tun: Sie hatte ein zwar vorstellbares, aber zu

Die neue Ideologie

diesem Zeitpunkt nicht sonderlich wahrscheinliches Szenario als Folie benutzt, um ihre eigenen Interessen durchzusetzen. Und war in demselben Augenblick von ihrer Argumentationslinie abgerückt, als feststand, dass sie nichts zu gewinnen, sondern hinsichtlich ihrer Bequemlichkeit sogar einiges zu verlieren hatte.

Dieses Risiko gehen Politiker, die im Zusammenhang mit der Terrorismus- und Kriminalitätsbekämpfung für Verschärfungen der geltenden Rechtslage eintreten, allerdings nicht ein. Der bayerische Ministerpräsident Edmund Stoiber meinte, nun gebe es den »schlagenden Beweis« für die Richtigkeit der sicherheitspolitischen Forderungen der Union, als sich herausstellte, dass einer der mutmaßlichen Attentäter von Madrid einige Zeit in Deutschland verbracht hatte. Fast unmittelbar nachdem diese Erkenntnis gewonnen worden war, stand allerdings auch schon fest, dass sich der Marokkaner nur wenige Tage in Darmstadt aufgehalten hatte – und dass es, so der Generalbundesanwalt, »keinerlei Anhaltspunkte« dafür gab, dass die Anschläge in Spanien von Deutschland aus geplant oder vorbereitet worden waren.

Hat die voreilige Analyse, die Deutschland als geschützten, sicheren Ruheraum für Terroristen erscheinen ließ, dem bayerischen Ministerpräsidenten politisch geschadet? Nein. Hätte es ihm geschadet, wenn er eine vergleichbar eilfertige und ebenfalls nachweislich falsche Einschätzung hinsichtlich der Sicherheit der Renten abgegeben hätte? Ja. Im Blick auf Gefahrenabwehr kann ein Politiker derzeit nicht besonders viel falsch machen. Es sei denn, er mahnt zur Besonnenheit.

Eine Gesellschaft, die sich bedroht fühlt, wünscht, dass Maßnahmen ergriffen werden, welche auch immer. Die Deutschen fühlen sich derzeit sehr bedroht. Nicht nur und vielleicht nicht einmal in erster Linie durch den Terrorismus. Die Angst vor dem drohenden Verlust an Sicherheit beschränkt sich nicht auf die Furcht vor Gewalttaten. Der Abbau des Sozialstaates und die Folgen des schwer durchschaubaren, teilweise ungeschriebenen Regelwerks der Globalisierung spielen in diesem Zusammenhang eine mindestens ebenso große Rolle. Die komplexe Wirtschafts- und Sozialpolitik eignet sich jedoch schlecht für markige Worte und den wählerwirksamen Eindruck von Tatkraft und Entschlossenheit – ganz im Gegensatz zur Bekämpfung von Feinden, äußerer wie auch innerer.

Die Bedrohung durch Terror ist real, und wenn das stimmt, was manche Fachleute befürchten, dann können Anschläge unvorstellbar grauenerregende Folgen nach sich ziehen. Sei es durch die Verseuchung des Grundwassers, durch die Zerstörung von Kernkraftwerken oder durch die Freisetzung von Krankheitsviren. Öffentlichkeit, Politiker und Experten müssten tatsächlich dringend darüber diskutieren, was geeignet sein könnte, derlei Gefahren, wenn denn überhaupt irgend möglich, abzuwehren.

Welche Maßnahmen sich dafür nicht eignen, lässt sich mittlerweile mit einiger Sicherheit sagen: nämlich konventionell geführte Kriege. Erfolge auf dem Gebiet der Terrorbekämpfung sind regelmäßig Polizisten und manchmal Geheimdienstlern zu verdanken. Kaum je Soldaten. Was das im Hinblick auf eine verbesserte Zusammenarbeit von Nachrichtendiensten und Polizei bedeuten könnte, auf welcher Ebene gewonnene Erkenntnisse zusammengeführt werden sollten, in welchem Umfang alle Bürgerinnen und Bürger sich bislang ungewohnte Kontrollen und Überprüfungen im Interesse ihrer eigenen Sicherheit gefallen lassen müssten: Darüber könnte und sollte engagiert und mit möglichst großer Beteiligung gestritten werden.

Dieser Streit findet jedoch noch immer lediglich in Fachkreisen statt, nicht in der breiten Öffentlichkeit. Stattdessen holen diejenigen, die aus mancherlei Gründen schon immer für eine Einschränkung von Grundrechten gefochten haben, alte Pläne aus der Schublade und kleben einfach das neue Etikett der »Terrorbekämpfung«

auf die angestaubten Klarsichthüllen. Ein besonders anschauliches Beispiel dafür: die Diskussion über die Möglichkeiten eines Einsatzes von Bundeswehrsoldaten im Inland. Inwiefern die Sicherheit der Bevölkerung sich dadurch verbessern ließe, dass junge Männer und Frauen, die für Polizeiaufgaben nicht ausgebildet worden sind, künftig mit geschultertem Gewehr durch Einkaufsstraßen laufen dürften, ist von den Befürwortern einer entsprechenden Verfassungsänderung bislang nicht erläutert worden.

Die Protagonisten einer solchen gesetzlichen Neuregelung werden von der Öffentlichkeit nicht gezwungen, ihren Standpunkt schlüssig zu begründen. Die allgemeine Verunsicherung ist groß genug, um nahezu jede vorgeschlagene Maßnahme für richtig zu halten – wobei dann regelmäßig aus dem Blickfeld gerät, welche möglichen Schritte gar nicht erst thematisiert werden. Soll man es wirklich für einen Zufall halten, dass gerade diejenigen, die für besonders einschneidende gesetzliche Neuregelungen plädieren, die Frage offenbar nicht einmal für erörternswert halten, ob Kernkraftwerke im Interesse der allgemeinen Sicherheit sofort abgeschaltet werden müssten? Bislang folgt die Debatte über Gefahrenabwehr überaus konventionellen, vertrauten Linien, die meist entlang der Parteigrenzen verlaufen.

Je größer die Gefahren sind, vor denen man sich fürchtet, desto größer scheint auch die Sehnsucht nach umfassender Sicherheit zu sein – und die damit einhergehende Bereitschaft, alles für sinnvoll zu halten, was irgendjemandem einfällt, um dieses Ziel zu erreichen. Dabei geht es keineswegs nur um Terrorismus. Der Fantasie sind in dieser Hinsicht offenbar kaum Grenzen gesetzt. Mehrere Länderminister sind der Ansicht, dass Schornsteinfeger, Hausverwalter und Angestellte von Schlüsseldiensten befugt, ja im Bedarfsfall sogar verpflichtet sein sollten, Wanzen in der Wohnung von Verdächtigen anzubringen: polizeiliche Kompetenzen für jedermann. Im März 2003 dachte der als liberal geltende saarländische

Ministerpräsident Peter Müller (CDU) öffentlich über die Möglichkeit einer Zwangskastration besonders gefährlicher Sexualstraftäter nach.

43 Prozent der deutschen Bevölkerung halten einer Umfrage des polis-Instituts zufolge die Anwendung von Folter zur Aufklärung schwerer Straftaten für gerechtfertigt, besonders wenn dadurch Leben von Opfern gerettet werden können. Eine Forsa-Umfrage ergab, dass sogar 63 Prozent finden, der Frankfurter Vize-Polizeipräsident Wolfgang Daschner solle nicht bestraft werden, der den Entführer und Mörder eines elfjährigen Jungen mit Folter bedroht hatte. Es scheint mittlerweile kein Menschenrecht mehr zu geben, das noch als unantastbar gilt. Wie sich ja auch an den Bildern von den und noch mehr an der Debatte über die Entwürdigungen und Misshandlungen irakischer Gefangener durch US-Kräfte in Bagdad gezeigt hat.

Auch scheint es keine Anregung zu geben, die absurd genug ist, um nicht gedruckt zu werden. Der CSU-Bundestagsabgeordnete Norbert Geis fordert nach den Terroranschlägen von Madrid drastisch verschärfte Sicherheitsvorkehrungen auf Bahnhöfen. Dort müssten ähnliche Kontrollen »wie auf Flughäfen« eingeführt werden, erklärte der Politiker in einem Zeitungsinterview. Dann mal los. Angesichts der hohen Zahl von Nutzern des öffentlichen Nah- und Fernverkehrs alleine im Verantwortungsbereich der Deutschen Bahn – nämlich 4,8 Millionen täglich – wäre es interessant zu beobachten, wie sich ein Land dieser Herausforderung stellt, das gerne als attraktiver Wirtschaftsstandort gelten möchte.

Einen Vorgeschmack darauf, was das bedeuten könnte, bekommt das deutsche Volk seit Monaten. Wann immer eine Reisetasche herrenlos zu sein scheint, und wann immer ein Witzbold meint, telefonisch vor einem bevorstehenden Anschlag warnen zu müssen, werden Bahnhöfe und Flughäfen geräumt. Bislang nimmt die Bevölkerung damit einhergehende Behinderungen klaglos hin.

Die neue Ideologie

Das wird nicht so weitergehen können. Jedenfalls dann nicht, wenn man auch weiterhin Großereignisse wie eine Fußball-Weltmeisterschaft ausrichten möchte. So brutal es sich anhören mag: Wenn man die alltäglichen Lebensumstände der Bevölkerung künftig nicht ausschließlich auf Sicherheitsaspekte hin ausrichten und alle anderen Bedürfnisse außer Acht lassen will, dann wird man lernen müssen, zwischen dramatischen Bedrohungen wie der Vergiftung des Leitungswassers und kleineren Gefahren wie einer Kofferbombe zu unterscheiden. Soll heißen: Wenn wir unsere Lebensweise im Prinzip beibehalten wollen, dann werden wir hinnehmen müssen, dass gelegentlich Menschen von Bomben zerrissen werden. So, wie wir hinnehmen, dass gelegentlich Menschen im Straßenverkehr sterben, ohne dass wir daraus die Forderung ableiten, alle Autos sollten verboten werden. Eine zynische Folgerung? Keineswegs. London hat jahrzehntelang mit dem Terror der IRA, Spanien mit dem der ETA gelebt.

Das beinhaltet auch einen Auftrag an die Medien. Solange Zeitungen, Hörfunk und Fernsehen sich hauptsächlich um die Frage kümmern, wer von einem möglicherweise bevorstehenden Terroranschlag gewusst hat und wer möglicherweise schuld daran gewesen ist, dass er sich nicht verhindern ließ, so lange werden mittlere Beamte es ganz gewiss nicht wagen, eine entsprechende Warnung zu ignorieren, und sei sie noch so absurd. Das wird mittelfristig unseren Alltag in weit stärkerem Maße verändern, als dies Terroristen je gelingen könnte. Wenn man der Spirale der Gewalt irgendetwas entgegensetzen kann, dann allenfalls das: Gelassenheit.

Mag sein, dass sich diese Erkenntnis irgendwann – über Parteigrenzen hinweg – durchsetzen wird. Noch scheint der Zug der Zeit eher in die entgegengesetzte Richtung zu fahren. Die *Bild-Zeitung*, das Zentralorgan von Volkes Stimme, kommentierte nach der Vergewaltigung eines fünfjährigen Mädchens auf einem Spielplatz:

»Der Täter wurde offenbar schnell gefasst und wird hoffentlich bald für lange Zeit hinter Gittern landen. Aber die Angst bleibt. Deshalb müssen unsere Politiker handeln, und zwar sofort! Auf Bahnhöfen wird längst mit Video-Kameras Jagd auf Taschendiebe gemacht. Wenn diese modernen Methoden für den Kampf gegen Kleinkriminelle genutzt werden – warum werden sie nicht auch zum Schutz von Spielplätzen eingesetzt? Und erzählt uns bitte nicht, das sei zu teuer.«

Schön, reden wir nicht über Geld. Sondern nur über die Frage, wer all diese Aufnahmen eigentlich kontinuierlich anschauen soll – mit dem Ziel der Prävention, wohlgemerkt, nicht dem der Strafverfolgung. Dafür hätte nicht einmal das Personal der Stasi ausgereicht.

Ob es um Sexualstrafrecht oder um Terrorismusbekämpfung geht: Alle Forderungen und Vorschläge, die gegenwärtig erhoben und gemacht werden, zielen in dieselbe Richtung. Sie nähren die Illusion, vollständige Sicherheit sei herstellbar, und es hinge allein vom guten Willen oder Mut der Politiker ab, ob dieses Ziel erreicht wird. Niemand hat das so unnachahmlich naiv und zugleich radikal auf den Punkt gebracht wie der Leitartikler der *Heilbronner Stimme*, der am 13. März 2004 die Frage aufwarf: »Was sind Bürgerrechte wert, die von der Angst ums Leben eingeschränkt werden?« Da es niemals ein Gemeinwesen gegeben hat, das keiner Bedrohung ausgesetzt war, ist eine so gestellte Frage leicht zu beantworten: Bürgerrechte sind nichts wert, wenn ihre Voraussetzung in einer umfassenden Schutzgarantie besteht.

Menschenverachtende Inhalte lassen sich gut in gefällige, harmlose Formulierungen verpacken. »Ausländer müssen gegebenenfalls auch dann abgeschoben werden, wenn sie zu Hause gefoltert oder umgebracht werden.« Nein, das hat der Autor der *Passauer Neuen Presse* am 27. März 2004 selbstverständlich nicht geschrieben. Sondern stattdessen: »Im begründeten Einzelfall dürfen

Die neue Ideologie

auch die wenig rechtsstaatlichen Verhältnisse in den Heimatländern solcher Personen dabei kein Hindernis darstellen.« Die »wenig rechtsstaatlichen Verhältnisse« – was für eine zierliche Umschreibung von Gewaltherrschaft und Staatsterror.

Die öffentliche Bereitschaft zur Einschränkung von Grundrechten wächst, wenn die Maßnahmen mit der Abwehr einer vermeintlichen oder realen Gefahr begründet werden. Dabei wird regelmäßig der Eindruck erweckt, die Schritte seien erforderlich, weil es heute ganz neue Formen der Bedrohung gebe, von denen die Eltern des Grundgesetzes seinerzeit nichts wussten und auch nichts wissen konnten. Das ist unredlich.

Die Erkenntnis ist keineswegs neu, dass Überwachung, Bespitzelung und sogar Folter dazu beitragen können, Straftaten zu verhindern oder zumindest aufzuklären. Wer meint, dass stets nur Unschuldige gefoltert worden wären, legt eine erstaunlich sentimentale – um nicht zu sagen: verkitschte – Sicht der Dinge an den Tag. Die lässt sich den Eltern des Grundgesetzes, die allesamt Diktatur und Krieg erlitten hatten, schwerlich unterstellen. Sie waren nicht weltfremd, sie haben einfach eine andere Priorität gesetzt als die, die sich allmählich in unserer Gesellschaft durchzusetzen scheint: Die Rechte des Individuums, der Schutz der Menschenwürde und die Rechtssicherheit galten ihnen mehr als das – ebenfalls unbestreitbar wichtige – kollektive Recht einer Gesellschaft auf größtmögliche Sicherheit.

Es gibt nach wie vor viele Leute, die das genauso sehen. In den Reihen der Zeitungs-, Hörfunk- und Fernsehkommentatoren scheint es sogar eine deutliche Mehrheit zu sein. Wann immer über eine mögliche Verschärfung von Gesetzen diskutiert wird, weisen zahlreiche Medien – von der Regionalzeitung bis zur ARD – darauf hin, dass bislang nicht einmal das vorhandene Instrumentarium umfassend genutzt wird, und ebenso regelmäßig wird vor einer Aushöhlung rechtsstaatlicher Prinzipien gewarnt. Dennoch aber haben Politiker mehr Anlass, sich vor dem Vorwurf der Tatenlosigkeit zu fürchten als vor dem des Alarmismus. Die strukturellen Anforderungen des Journalismus haben daran auch in diesem Bereich einen wesentlichen, möglicherweise entscheidenden Anteil.

Im Grundsatz folgt die innenpolitische Berichterstattung keinen anderen Gesetzmäßigkeiten als die außenpolitische. Im Einzelnen heißt das: Dynamische Entwicklungen eignen sich besser als statische Zustände dafür, das Interesse der Öffentlichkeit über einen längeren Zeitraum hin wachzuhalten. Die Forderung, alles möge so bleiben, wie es ist, mag man für richtig halten und ihrer Begründung folgen. Aber wenn sich diese Position durchsetzt, dann gibt es eben nichts Neues zu berichten. Etwas Schlimmeres kann es für Medien, egal welcher Couleur, nicht geben.

Auch andere ungeschriebene Regeln begünstigen politischen Aktionismus, beispielsweise die Bemühungen, abstrakte Themen durch Personalisierung fassbarer zu gestalten. Eine fundierte Abwägung der zwangsläufig unterschiedlichen Standpunkte von Datenschützern und Geheimdienstlern setzt umfangreiche Fachkenntnisse voraus. Urteile über Personen lassen sich leichter fällen. Personalisierung im Bereich der Kriminalitäts- und Terrorbekämpfung bedeutet vor allem: Die klare Identifikation von Feindbildern. Und von Sündenböcken.

Früher drohte die Gefahr aus dem Osten, und sie war eindeutig rot. Inzwischen ist die Lage sehr viel komplizierter geworden – ein weiterer Faktor, der zur Verunsicherung der Gesellschaft beiträgt. Die bipolare Welt hatte, ungeachtet aller Nachteile, wenigstens einen großen Vorteil: Die überwältigende Mehrheit der Bevölkerung westlicher Länder hatte eine klare Vorstellung davon, wo der Feind stand, und darüber hinaus das beruhigende Gefühl, dass dieser Feind in Schach gehalten werden konnte. Das Gleichgewicht des Schreckens bedeutete für sie eben nicht nur Schrecken, sondern auch Gleichgewicht. Und damit Verlässlichkeit.

Die neue Ideologie

Der Zusammenbruch der Sowjetunion und des politischen Systems ihrer Satellitenstaaten hat im Westen nicht nur Freude ausgelöst, sondern auch Fassungslosigkeit. Es gab ja so gut wie niemanden, der diesen Zusammenbruch vorhergesehen hätte. Wenn gleichsam über Nacht alle bis dahin für sicher gehaltenen politischen Koordinaten verrutschen, dann ist die Sorge unabweisbar, dass alles möglich ist und nichts mehr berechenbar.

In einer solchen Situation werden Feindbilder als hilfreich empfunden. Sie dienen immer der Abgrenzung nach außen und wirken somit für jede Gruppe identitätsstiftend – ob es sich nun um eine Nation oder um eine Motorradgang handelt. Aber eine liberale, sich gerne kosmopolitisch gebende Gesellschaft, der das konkurrierende System abhanden gekommen ist, hat es gar nicht so leicht, ihre Feinde eindeutig zu benennen. Terroristen und Kinderschänder: gewiss. Das ist jedoch so selbstverständlich, dass sich damit allein kein Gemeinschaftsgefühl erzeugen lässt. Anlässe geringerer Bedeutung, bei denen alle mitreden können, sind da weit besser geeignet.

Der bis zu diesem Zeitpunkt in der Bundesrepublik weithin unbekannte italienische Staatssekretär Stefano Stefani hatte im Juli letzten Jahres die Deutschen öffentlich als »einförmige, supernationalistische Blonde« bezeichnet, die im Sommer »lärmend« über Italiens Strände herfielen, und noch einige weitere Invektiven ähnlichen Niveaus hinzugefügt. Was für eine Gelegenheit! Noch dazu im Sommerloch! Die Bundesrepublik hatte ihr Erregerthema.

Der Bundeskanzler sagte seinen geplanten Italienurlaub ab, der SPD-Generalsekretär – der dem Vernehmen nach vorher noch gar nicht entschieden hatte, wohin er eigentlich verreisen wollte – tat es ihm solidarisch gleich, und die *Bild-Zeitung* griff in die Vollen: »Si! Der Proteststurm der *Bild*-Leser hatte Erfolg! Mit tausenden Faxen an Italiens Regierung hatten sie den Rücktritt von Pöbel-Staatssekretär Stefano Stefani gefordert. Er hatte die Deutschen schlimm beleidigt (›anmaßend, dickbäuchig‹). Gestern trat Stefani zurück, bat uns um Vergebung: ›Ich liebe Deutschland.‹«

In den Staub mit allen Feinden Brandenburgs! Es genügt nicht, wenn sie infolge dümmlicher Äußerungen, die ein binationales Verhältnis belasten können, vernünftigerweise ihres Postens enthoben werden. Kriechen sollen sie, Dreck fressen. Anders ausgedrückt: Wer uns nicht mag, den können wir zwingen, uns zu lieben. Stark und mächtig, wie wir sind.»Der bislang knallharte Politiker Stefani wurde weich wie zu lang gekochte Spaghetti« war im online-Dienst der *Bild-Zeitung* am 12. Juli 2003 zu lesen, und dort erfuhr man auch, dass der geschasste Staatssekretär auf der Straße eine deutsche Touristengruppe begrüßt und Prosecco-Flaschen verteilt habe.

Derlei hämische Demütigungen erinnern – nicht in den Details, aber vom Prinzip her – an die Behandlung unterworfener Kriegsgegner in archaischen Gesellschaften. Das Bedürfnis nach greifbaren und sichtbaren Feinden muss groß sein, wenn der Staatssekretär eines EU-Mitgliedslandes auf eine derartige Weise behandelt wird. Es gäbe übrigens viele andere gute Gründe, die italienische Regierung von Ministerpräsident Silvio Berlusconi politisch anzugreifen. Aber das könnte zu ernsthaften Komplikationen führen, längerfristige Verstimmungen nach sich ziehen und ließe sich zweifellos nicht mit ein paar Flaschen Prosecco aus der Welt schaffen.

Wo steht der wahre Feind? Dass es ihn gibt, steht außer Frage. Aber wie sieht er aus, wie verhält er sich, was sagt er? An »Schläfern«, die jahrelang unauffällig und vermeintlich integriert in unserer Mitte gelebt haben, ist ja gerade die Tatsache besonders bedrohlich, dass sie nicht einmal dann von der unauffälligen Mehrheit zu unterscheiden sind, wenn ihre Nachbarn, Freunde und Lehrer ganz eingehenden Befragungen unterzogen werden. Wie soll man sich vor potentiellen Attentätern schützen, die nur hilfsbereite Kollegen, disziplinierte Studenten, nette Mieter und liebevolle Ehemänner zu sein schienen? Und das über Jahre hinweg?

Die neue Ideologie

Wenn die Fratze des Bösen hinter jedem freundlichen Lächeln zu lauern scheint, dann wird bald selbst die kleinste Abweichung von der Norm bestraft. Eine verunsicherte Gesellschaft braucht als Mittel der Selbstvergewisserung ein stabiles Gerüst. Wer daran rüttelt, wird ausgegrenzt – selbst dann, wenn ihm individuell kein konkretes Fehlverhalten nachzuweisen ist.

So erging es kürzlich Reisenden, die in der Sahara entführt und nach langwierigen Verhandlungen freigelassen worden sind. Politiker fast aller Parteien haben sich auf eine Weise geäußert, die den Eindruck nahe legte, die verschleppten Touristen seien an ihrem Schicksal selber schuld gewesen. Ungeachtet der Tatsache, dass nicht einmal das vorsichtige Außenministerium von der Wahl ihrer Route abgeraten hatte.

Die – im deutschen Konsulargesetz seit langem vorgesehene – Möglichkeit, den Reisenden die Kosten für ihren Rücktransport in die Heimat in Rechnung zu stellen, wurde in vielen Medien wie eine, wenngleich keineswegs hinreichende, »Strafe« für Leichtsinn behandelt. Der Eindruck war unabweislich: Ein guter Deutscher fährt allenfalls ins europäische Ausland, wenn er es denn schon nicht über sich bringt, zu Hause zu bleiben. Das ist hinsichtlich des politischen Klimawandels auch deshalb interessant, weil ausgerechnet die Reisefreiheit jahrzehntelang das sichtbarste, greifbarste Zeichen der – zumindest von den Westdeutschen mehrheitlich nicht in Frage gestellten – Überlegenheit des kapitalistischen Systems und das Symbol für Wohlstand und bürgerliche Freiheiten gewesen ist.

Jetzt ist diese Reisefreiheit bedroht. Sei es, weil das Geld knapper wird, sei es, weil die Sorge wächst, fern von der Heimat einem Attentat zum Opfer zu fallen. Dann doch lieber Bayern als Bali. Entscheidungen, die in jedem Einzelfall individuell begründbar sind, verstärken in der Masse den Eindruck, sich im Belagerungszustand zu befinden. Westliche Reisende müssen sich an einen

Gedanken gewöhnen, der für sie ein halbes Jahrhundert lang unvorstellbar war: dass sie nämlich nicht überall auf der Welt willkommen sind. Ablehnung, gegen die man sich nicht wehren kann, erzeugt Aggression und die Sehnsucht nach einem Sündenbock.

Die Militarisierung der Außenpolitik hat keine Militarisierung der Gesellschaft nach sich gezogen. Ungeachtet dessen aber ist die Stimmung in Deutschland kriegerischer geworden, sowohl gegenüber Außenseitern als auch gegenüber Minderheiten. Die Hoffnung, dass dramatische Schritte geeignet sein könnten, die Lage dramatisch zu verändern – und das hieße unter den gegebenen Umständen vor allem: dass endlich alles wieder so ruhig, sicher und überschaubar sein möge wie früher – diese Hoffnung scheint zeitlos zu sein. Und sich nicht durch Erfahrungen widerlegen zu lassen.

Keiner anderen Einrichtung wird in vergleichbarem Maße wie dem Militär zugetraut, einen gordischen Knoten zu durchhauen. Vielleicht liegt es daran, dass den Streitkräften sehr viel weniger als anderen Institutionen verübelt wird, wenn sie an ihren Aufgaben scheitern.

Es ist ein weiter Weg zurückgelegt worden, seit 1992 Sanitäter der Bundeswehr im Rahmen einer Blauhelmmission nach Kambodscha geschickt wurden, seit also zum ersten Mal seit dem Ende des Zweiten Weltkriegs deutsche Soldaten außerhalb des Nato-Gebiets im Einsatz waren. Zehn Jahre später erklärte Verteidigungsminister Peter Struck, die deutsche Sicherheit werde auch am Hindukusch verteidigt. In der Zwischenzeit ist viel passiert. Von der notwendigen »Enttabuisierung des Militärischen« sprach der sozialdemokratische Bundeskanzler Gerhard Schröder 2001.

Die war zu diesem Zeitpunkt längst erfolgt. Die Bundesrepublik hat sich am Krieg gegen Jugoslawien beteiligt. Deutsche Elitesoldaten waren im unwegsamen afghanischen Bergland unterwegs, ohne dass die Öffentlichkeit bis heute darüber informiert worden wäre, was sie dort eigentlich genau getan haben.

Die neue Ideologie

Erstaunlich ist nicht die Entwicklung als solche. Es war vorhersehbar, dass nach dem Zerfall der Sowjetunion und angesichts der steigenden Zahl innerstaatlicher Konflikte, der drohenden Proliferation von Massenvernichtungswaffen, des härter werdenden Kampfes um Rohstoffe sowie der bis heute unbeantworteten Frage nach einem neuen, global ebenso akzeptierten wie auch funktionsfähigen Ordnungsrahmen eine heftige Diskussion über sicherheitspolitische Fragen entbrennen würde. Auch ist wohl unvermeidlich, dass die Versuche, Grenzen und Möglichkeiten militärischer Aktivitäten im Lichte der neuen Verhältnisse ebenfalls neu zu definieren, tastend und widersprüchlich sind.

Aber es findet ja nicht einmal eine Erfolgskontrolle statt. Wer verspricht, die Steuern zu senken, und sie stattdessen erhöht, bekommt ein Problem. Wenn Maßnahmen im Kampf gegen die Arbeitslosigkeit nicht die angekündigte Wirkung zeigen, gehen die Umfragewerte in den Keller. Im Zusammenhang mit Militäroperationen jedoch kann das Offensichtliche geleugnet werden, und dennoch gilt der Kaiser nicht als nackt.

Nicht eines der Ziele, mit denen gewaltsame Interventionen in den letzten Jahren begründet worden sind, wurde tatsächlich erreicht. Weder haben internationale Truppen die Hungersnot in Somalia besiegt noch die Lage dort stabilisiert. Weder in Afghanistan noch im Irak herrscht Frieden, trotz spektakulärer militärischer Anfangserfolge der Angreifer. Auch die Situation auf dem Balkan bleibt explosiv. Neue Kämpfe konnten nur durch die Schaffung von Quasi-Protektoraten verhindert werden, und dennoch finden dort mancherorts weiterhin ethnisch motivierte Vertreibungen und andere Gewalttaten statt. Gelegentlich mit spiegelverkehrten Vorzeichen: Im Kosovo scheinen die Verfolgten zu Verfolgern zu mutieren – und umgekehrt. Das ist kein Erfolg, sondern eine Bankrotterklärung jener Außenstehenden, die für sich in Anspruch nehmen, im Interesse des Friedens zu den Waffen gegriffen zu haben.

Natürlich lässt sich auch eine andere Rechnung aufmachen. Saddam Hussein, Slobodan Milosevic und die Taliban sind nicht mehr an der Macht. Die Bevölkerung im ehemaligen Jugoslawien lebt seit vielen Jahren, wenn schon nicht im Frieden, so doch auch nicht im Krieg. All das ist erfreulich – aber um all das ist es zu Beginn der jeweiligen Militärinterventionen nicht gegangen. Die wechselnden Legitimierungen der Kriege wurden nachgereicht und den entsprechenden Verhältnissen angepasst.

Bündnisfragen, ökonomische Interessen und der Kampf um Einflusszonen sind abstrakte, sachliche Themen. Aber wenn es um humanitäre Fragen geht, werden Gefühle angesprochen. Mit Appellen daran lässt sich die moralische Luftüberlegenheit über innenpolitische Gegner besser als mit jedem anderen Mittel erreichen.

Von deutschem Boden darf nie wieder Krieg ausgehen: Bis heute ist dieses Credo der Nachkriegszeit unumstritten. Lediglich mit einer kleinen Einschränkung wurde es in den letzten zehn Jahren versehen. Sie trägt dem Rechnung, was parteiübergreifend inzwischen unter Realpolitik verstanden wird. Mittlerweile lautet der Glaubenssatz in voller Länge: Von deutschem Boden darf nie wieder Krieg ausgehen – es sei denn, er ist aus humanitären Gründen geboten.

Die humanitäre Karte sticht immer, wenn eine Regierung bei der Bevölkerung um Zustimmung für einen Militäreinsatz wirbt. Ganz besonders gilt das in Deutschland, wo interessengeleitete Machtpolitik wegen der militaristischen Vergangenheit nach wie vor auf besonderes Misstrauen stößt, andererseits aber aus demselben Grund die ehrenwerte Überzeugung weit verbreitet ist, man dürfe bei Menschenrechtsverletzungen nicht wegsehen. Es wäre ungerecht, wollte man allen Politikern oder Journalisten, die sich in den letzten Jahren für die verschiedenen Militäroperationen eingesetzt haben, ein taktisches Verhältnis zur Frage von Krieg und Frieden unterstellen. Viele haben sich lange und ernsthaft mit der Frage

Die neue Ideologie

auseinander gesetzt, ja sogar gequält, ob und unter welchen Umständen die Anwendung von Waffengewalt legitim sein kann. Das müssen übrigens nicht gerade die gewesen sein, die ihre innere Zerrissenheit wie eine Monstranz vor sich hergetragen haben.

Ungeachtet der individuellen Glaubwürdigkeit der Protagonisten von Interventionen aber hat die Tatsache, dass Kriege inzwischen wieder im Dienste einer höheren Moral geführt werden, weitreichende Folgen für die Berichterstattung. Skepsis und Kritik sind in einer solchen Atmosphäre nicht nur richtig oder falsch – sie stehen unter dem Generalverdacht des Defätismus, auch wenn das Wort heutzutage nicht mehr gebräuchlich ist. Die Kriegsgegner sollten sich jetzt gefälligst vor besserwisserischer Rechthaberei hüten, war bislang noch jedes Mal in zahlreichen Leitartikeln zu lesen, wenn sich wieder einmal eine Prognose über Verlauf und Wirkung einer Militäroperation als falsch herausgestellt hatte. Man stelle sich eine solche Mahnung einmal im Zusammenhang mit einem anderen Thema vor! Das kann man sich nicht vorstellen.

Bei der Berichterstattung über Kriege sind zahlreiche Regeln außer Kraft gesetzt, die in allen anderen Bereichen selbstverständlich gelten. Das liegt nicht daran, dass Journalisten von einem Tag auf den anderen kriegslüstern geworden wären. Im Gegenteil: Es liegt daran, dass viele derjenigen, die plötzlich damit befasst sind, sich die realen Verhältnisse in Krisengebieten ebenso wenig vorstellen können wie ihre Leser, Hörer und Zuschauer. Afrika, Afghanistan, der Irak und sogar der Balkan sind sehr weit weg von der Bundesrepublik. Das Bedürfnis nach Sicherheit und weltweit durchsetzbaren, menschenwürdigen Verhältnissen aber ist sehr groß und nah.

Wem es gelingt, überzeugend den Eindruck zu erwecken, das verloren gegangene Sicherheitsgefühl wieder beleben zu können – sei es durch neue Gesetze oder durch neue Kriege – der spricht damit die größte politische Verheißung aus, die derzeit in Europa und den USA vorstellbar ist. Sie besteht in dem Versprechen, das Unkontrollierbare sei beherrschbar, definierbar, zähmbar, und wir könnten unsere Maßstäbe auf den Rest der Welt übertragen.

Allen Kriegen und Militärinterventionen der letzten Jahre, an denen westliche Länder beteiligt waren, ist eines gemeinsam: die Vorstellung, man könne die Welt von dem befreien, was man selbst unter dem Bösen versteht, wenn man nur bereit ist, für dieses Ziel alle Mittel – auch schreckliche Mittel – einzusetzen. Diese Vorstellung ist nicht neu. Sie ist der Kern jeder Ideologie.

Danksagung

Für Hilfe und Unterstützung möchte ich mich bei vielen bedanken, ganz besonders jedoch bei meinen Freunden und Kollegen Christiane Grefe und Thomas Wiegold, bei meiner Agentin Erika Stegmann und bei meinem Lektor Jürgen Neubauer. Und bei meinem Vater, der mich bis zu seinem Todestag beim Schreiben ermutigt hat.

Michael Hardt,
Antonio Negri
MULTITUDE
Krieg und Demokratie
im Empire
2004 · Ca. 420 S. · Geb.
ISBN 3-593-37410-2

Der Weg zu einer demokratischen Weltgesellschaft

Vier Jahre nach ihrem Theoriebestseller EMPIRE folgt nun die Fortsetzung der kritischen Gesellschaftsanalyse von Michael Hardt und Antonio Negri. Im Empire, das sich durch bürgerkriegsähnliche Konflikte in einem permanenten Ausnahmezustand befindet, kann eine Multitude als politisches Subjekt entstehen, das den Wunsch nach Gleichheit und Freiheit, nach einer offenen und alle einbeziehenden globalen Gesellschaft verkörpert und, so Hardt/Negri, die Mittel bereitstellt, eine demokratische Weltgesellschaft zu etablieren.

Gerne schicken wir Ihnen unsere aktuellen Prospekte:
vertrieb@campus.de · www.campus.de

„In diesen Zeiten als unabhängige Qualitätszeitung zu überleben, erfordert Witz und Beweglichkeit. Beides hat die Redaktion immer wieder bewiesen: Mit den besten Überschriften der Branche, Schonungslosigkeit im Umgang mit den eigenen Helden [...]. Und mit der Unverschämtheit, eben nicht genau über das zu berichten, worüber alle anderen schreiben."
Welt am Sonntag, 11. 4. 2004

5 Wochen taz für 12,50 Euro

abo@taz.de | www.taz.de | T(030) 25902590 | F(030) 25902680

die tageszeitung